SUPER EINFACH

PLANCHA & BARBECUE

100 REZEPTE

Librero

INHALT

SCHWEINEFILET MIT HONIG

Vorbereitungszeit 20 Minuten

Kochzeit 10 Minuten bei schwacher Glut

6 Portionen

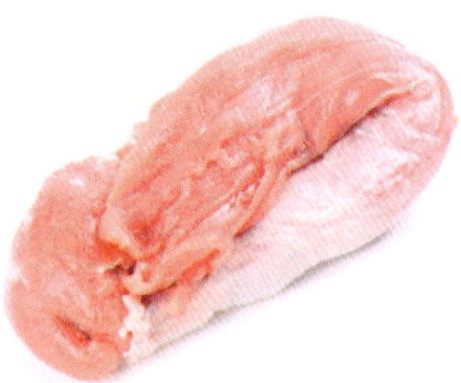

Schweinefilet
700 g

Zucchini
× 2 kleine

Flüssiger Honig
3 EL

Weißer Portwein
150 ml

Ingwerpulver
1 TL

Sesamkörner
2 EL

- Schweinefilet in 3 cm große Würfel schneiden. Zucchini in Scheiben schneiden. Honig mit Portwein, Ingwer und Sesam vermengen, würzen.
- Fleisch und Zucchini abwechselnd auf Spieße stecken und fest aneinander drücken.
- Großzügig mit der Marinade bestreichen. Bei schwacher Glut etwa 10 Minuten grillen, dabei regelmäßig mit Marinade bestreichen.

SCHWEINEFILET MIT TROCKENFRÜCHTEN

Schweinefilet
700 g

Getrocknete Pflaumen, ohne Kern, × 12

Getrocknete Aprikosen
× 12

Getrocknete Feigen
× 6

Kräuter der Provence
1 EL

Olivenöl
150 ml

Vorbereitungszeit 10 Minuten

Kochzeit 10 Minuten bei schwacher Glut

6 Portionen

- Schweinefilet in 3 cm große Würfel schneiden. Getrocknete Feigen halbieren, Stiel entfernen.
- Fleisch und Trockenfrüchte abwechselnd auf Spieße stecken. Mit etwas Olivenöl beträufeln, mit Kräutern der Provence bestreuen, würzen.
- Etwa 10 Minuten bei schwacher Glut grillen. Achtgeben, dass die Trockenfrüchte nicht verbrennen.

KALBSFILET MIT SPECK

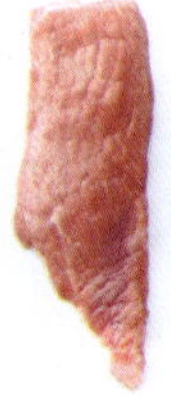

Kalbsfilet
700 g

Bauchspeck, ohne Knorpel
× 12 dünne Scheiben

Pfeffer, grob gestoßen
1 EL

Whisky
100 ml

Geröstetes Sesamöl
150 ml

Lorbeerpulver
1 TL

Vorbereitungszeit 20 Minuten
Marinierzeit 3 Stunden

Kochzeit 10 Minuten
bei schwacher Glut

6 Portionen

- Kalbsfilet in 12 Scheiben in der Größe des Bauchspecks (dünn geschnitten und gleich groß) schneiden. Auf einem Teller auflegen.
- Whisky mit Sesamöl, Lorbeerpulver und grob gestoßenem Pfeffer vermengen, Fleisch mit der Marinade bedecken. Mit Frischhaltefolie zudecken und 3 Stunden kalt stellen.
- 1 Scheibe Kalbfleisch auf 1 Scheibe Bauchspeck legen und miteinander verdrehen. Jede Kordel auf einen Spieß stecken und bei schwacher Glut etwa 10 Minuten grillen. Da der Bauchspeck schon salzig ist, ist kein weiteres Salz vonnöten.

RINDFLEISCH, FEIGEN & SAKE

Vorbereitungszeit 20 Minuten

Kochzeit 8 Minuten bei heißer Glut

6 Portionen

Rumpsteak
600 g

Violette Feigen
× 6

Schweinebauch, geräuchert
150 g

Frühlingszwiebeln
× 12

Sake
200 ml

Ingwerpulver
1 TL

- Rumpsteak in 5 mm dicke Quadrate schneiden und mit Sake und Ingwer vermengen. Feigen und Bauchspeck in gleich dicke Scheiben schneiden und Frühlingszwiebeln halbieren.
- Zuerst ½ Frühlingszwiebel auf den Spieß stecken, danach abwechselnd Rindfleisch, Feige und Bauchspeck aufstecken. Mit ½ Frühlingszwiebel abschließen. Mit den weiteren Spießen wiederholen.
- Bei heißer Glut 8 Minuten grillen, dabei die Spieße regelmäßig wenden, danach würzen.

FLANKSTEAK MIT SHISO

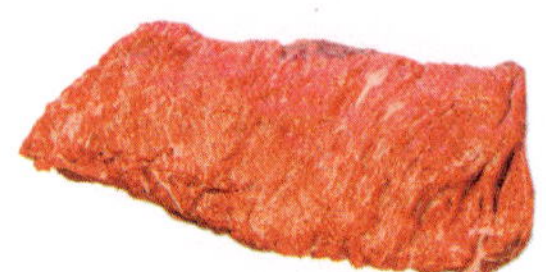

Flanksteak
800 g

Junge Shiso-Blätter
× 1 Handvoll

Vorbereitungszeit 10 Minuten

Kochzeit 7–8 Minuten bei heißer Glut

6 Portionen

Balsamico-Essig
100 ml

Roter Portwein
200 ml

Frischer Thymian
1 EL

Knoblauch
× 1 Zehe

Olivenöl
2 EL

- Flanksteak in Würfel schneiden. Knoblauch schälen und zerdrücken. Essig mit Portwein vermengen, Knoblauch und Thymian zugeben und zum Kochen bringen. Auf die Hälfte reduzieren lassen, danach Olivenöl zugeben.
- Fleischstücke in die Marinade legen, danach auf die Spieße stecken.
- Je nach gewünschter Garstufe 7–8 Minuten bei heißer Glut grillen, danach würzen.
- Mit Shiso-Blättern bestreuen, mit ein wenig Marinade beträufeln und servieren.

RINDFLEISCH & RIESENGARNELEN

Rumpsteak
600 g

Riesengarnelen
× 18

Vorbereitungszeit 20 Minuten
Marinierzeit 3 Stunden

Kochzeit 7–8 Minuten
bei heißer Glut

6 Portionen

Knoblauch
× 2 Zehen

Ketchup
1 EL

Würzsauce
3 EL

Olivenöl
1 EL

Pfeffer, grob gestoßen
1 TL

- Knoblauch schälen, fein hacken und mit Ketchup, Würzsauce, Olivenöl und Pfeffer vermengen.
- Rumpsteak in gleich große, 5 mm dicke Quadrate schneiden, in die Marinade legen und 3 Stunden kalt stellen.
- Riesengarnelen halbieren und abwechselnd mit dem Rindfleisch auf die Spieße stecken. Bei heißer Glut 7–8 Minuten grillen.

RINDERBOULETTEN MIT KORIANDER

Rinderhackfleisch
800 g

Koriander,
× 1 Bund

Vorbereitungszeit 30 Minuten

**Kochzeit 5 Minuten
bei heißer Glut**

6 Portionen

Zitronengras
× 1 Stange

Schalotten
× 2

Knoblauch
× 1 Zehe

Zwiebackbrötchen
× 2

Eier
× 2

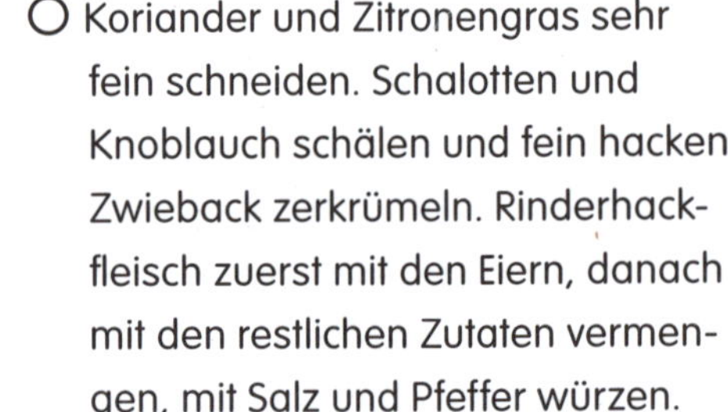

- Koriander und Zitronengras sehr fein schneiden. Schalotten und Knoblauch schälen und fein hacken. Zwieback zerkrümeln. Rinderhackfleisch zuerst mit den Eiern, danach mit den restlichen Zutaten vermengen, mit Salz und Pfeffer würzen.
- Zwischen den Handflächen Fleisch zu Kugeln mit etwa 3 cm Durchmesser rollen.
- Je nach gewünschter Garstufe die Bouletten bei heißer Glut grillen.

SPIESSE VOM RIND

Nierenzapfen
800 g

Kirschtomaten
× 24

Vorbereitungszeit 15 Minuten

Kochzeit 5–10 Minuten bei heißer Glut

6 Portionen

Weiße Champignons
× 24 kleine

Frühlingszwiebeln
× 12

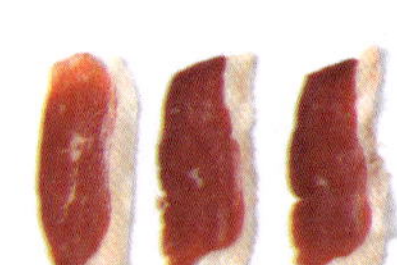

Geräucherte Entenbrust
× 1

Olivenöl
100 ml

Chilipulver
1 TL

Sesamkörner
1 TL

- Olivenöl mit Chilipulver, Sesamkörnern und 1 TL gestoßenem Pfeffer vermengen. Nierenzapfen in 3 cm große Würfel schneiden. Geräucherte Entenbrust vom Fett befreien und in 5 mm dicke Scheiben, danach in kleine Rechtecke schneiden. Frühlingszwiebeln halbieren.
- ½ Frühlingszwiebel, danach alternierend Fleisch, Entenbrust, Tomaten und Champignons auf Spieße stecken. Mit ½ Frühlingszwiebel abschließen. Wiederholen.
- Je nach gewünschter Garstufe Spieße 5–10 Minuten bei heißer Glu grillen. Mit Chiliöl beträufeln und mit Salz bestreuen.

HÄHNCHEN MIT KNOBLAUCH UND CHILI

Filets vom Landhähnchen
× 6

Milde grüne Chilschoten
× 3

Milde rote Chilschoten
× 3

Scharfe rote Chilischote
× 1 kleine

Knoblauch
× 6 Zehen

Tamarinden-Sauce
100 ml

Brauner Zucker
1 EL

Vorbereitungszeit 20 Minuten

Kochzeit 15 Minuten bei schwacher Glut

6 Portionen

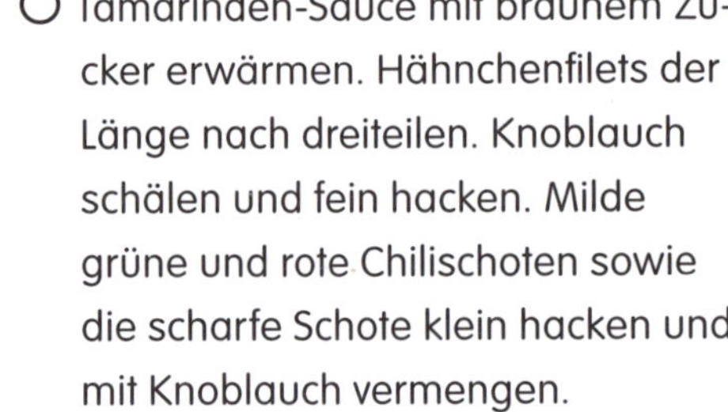

○ Tamarinden-Sauce mit braunem Zucker erwärmen. Hähnchenfilets der Länge nach dreiteilen. Knoblauch schälen und fein hacken. Milde grüne und rote Chilischoten sowie die scharfe Schote klein hacken und mit Knoblauch vermengen.

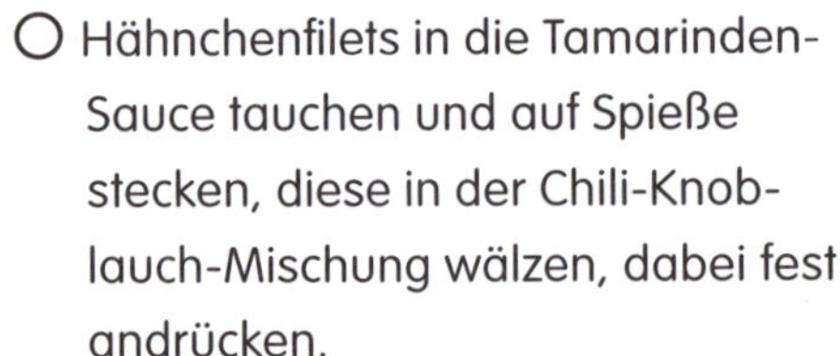

○ Hähnchenfilets in die Tamarinden-Sauce tauchen und auf Spieße stecken, diese in der Chili-Knoblauch-Mischung wälzen, dabei fest andrücken.

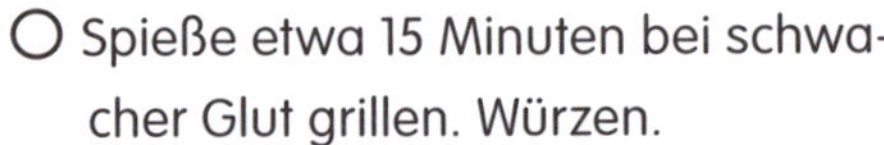

○ Spieße etwa 15 Minuten bei schwacher Glut grillen. Würzen.

HÄHNCHEN MIT ANANAS

Brüste vom Landhähnchen
× 6

Ananas
× 1

Kokospaste
300 ml

Chilipulver
1 Prise

Limette
× 1

Vorbereitungszeit 20 Minuten
Marinierzeit 24 Stunden

Kochzeit 15 Minuten
bei schwacher Glut

6 Portionen

- Hähnchenbrüste in Würfel schneiden. Kokospaste, Chilipulver, Limettenzesten und -saft vermengen und das Fleisch einlegen. Mit Frischhaltefolie zudecken und 24 Stunden kalt stellen.
- Ananas schälen, Augen dabei entfernen, vierteln und danach in der Größe der Hähnchenstücke in Würfel schneiden.
- Hähnchen und Ananas auf Spieße stecken und bei schwacher Glut etwa 15 Minuten grillen. Würzen.

LAMM MIT BASILIKUM

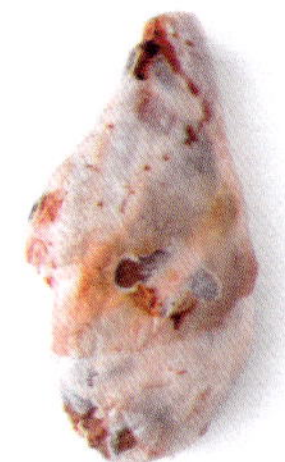

Lammkeule
800 g

Grobes Meersalz,
einige Prisen

Olivenöl
200 ml

Basilikum
× 1 Bund

Zitrone
× 1

Flüssiger Honig
1 TL

Schalotte
× 1

Vorbereitungszeit 15 Minuten

Kochzeit 10 Minuten bei heißer Glut

6 Portionen

○ Lammkeule in 3 cm große Würfel schneiden, diese auf Spieße stecken und mit grobem Meersalz einreiben.

○ Basilikumblätter abzupfen und mit dem Saft und der abgeriebenen Schale einer Zitrone, Olivenöl und Honig vermengen. Schalotte schälen, so fein wie möglich hacken und mit dem Basilikumöl vermengen.

○ Je nach gewünschter Garstufe Lammspieße 5–10 Minuten grillen und mit Basilikumöl beträufeln. Servieren und grobes Meersalz dazu reichen.

LAMM MIT KREUZKÜMMEL UND MANDELN

Vorbereitungszeit 15 Minuten
Marinierzeit 3 Stunden

Kochzeit 10 Minuten
bei heißer Glut

6 Portionen

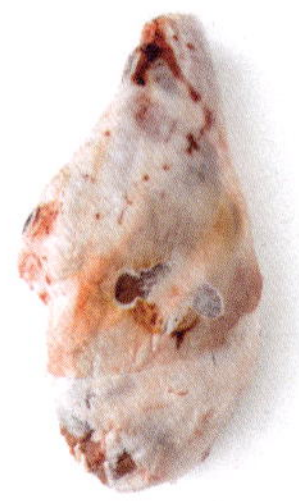

Lammkeule
800 g

Kreuzkümmelsamen
2 EL

Mandelblättchen
150 g

Ahornsirup
2 EL

Gewürztraminer
200 ml

Pfeffer, grob gestoßen
1 TL

- Mandeln in einer beschichteten Pfanne goldbraun rösten.
- Lammkeule in 3 cm große Würfel schneiden. Ahornsirup mit Gewürztraminer verrühren, und Lammfleischwürfel zugeben. Mit Salz und grob gestoßenem Pfeffer würzen und 3 Stunden marinieren.
- Fleisch auf Spieße stecken und im Kreuzkümmelpulver wälzen. Je nach gewünschter Garstufe bei heißer Glut 5–10 Minuten grillen. Mit Mandelblättchen bestreuen.

KALBFLEISCH MIT INGWER

Vorbereitungszeit 20 Minuten

Kochzeit 10 Minuten bei heißer Glut

6 Portionen

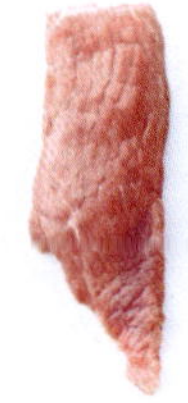

Kalbsschnitzel
800 g

Weiße Champignons
× 18

Ingwer
100 g

Wodka
150 ml

- Kalbsschnitzel in gleich große Quadrate schneiden. Champignons in Scheiben in der Größe des Fleisches schneiden. Ingwer schälen und ebenfalls in Scheiben schneiden.
- Fleisch, Champignons und Ingwer alternierend auf Spieße stecken. Bei schwacher Glut 10 Minuten grillen, danach würzen.
- Wodka in einem Topf erwärmen, flambieren und die Spieße damit übergießen.

KALBFLEISCH IM STIL VON SCHNECKEN

Kalbsschnitzel
800 g

Dill
× 1 Bund

Schalotten
× 2

Pfeffer, grob gestoßen
1 TL

Milder Senf
3 EL

Olivenöl
1 EL

Wodka
1 EL

Vorbereitungszeit 20 Minuten

Kochzeit 8–9 Minuten bei heißer Glut

6 Portionen

- Kalbsschnitzel in feine Streifen von 2 cm Dicke schneiden. Schalotten schälen und in feine Ringe schneiden, Dill hacken. Dill, Schalotten und Pfeffer vermengen und die Fleischstreifen mit der Mischung bestreuen, danach salzen.
- Fleischstreifen wie Schnecken zusammenrollen und auf Spieße stecken. Senf mit Olivenöl und Wodka verrühren und die Spieße mit der Mischung bestreichen.
- Bei heißer Glut 3–4 Minuten grillen, danach die Spieße wenden (der Grill muss sehr sauber sein, damit der Senf nicht anklebt) und weitere 5 Minuten grillen.

HERZ, LEBER & NIERE

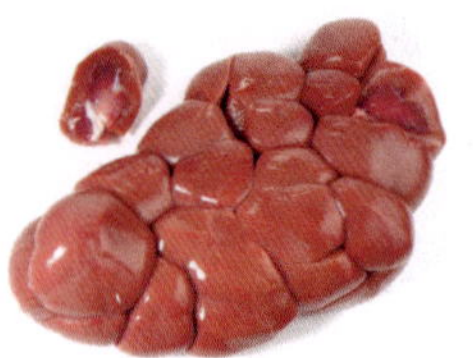

Kalbsnieren
× 2

Rinderherz
200 g

Vorbereitungszeit 20 Minuten

**Kochzeit 15 Minuten
bei heißer Glut**

6 Portionen

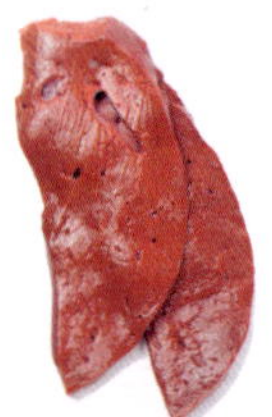

Kalbsleber
200 g

Grüne Paprikaschote
× 1

Rote Paprikaschote
× 1

Roter Portwein
100 ml

Olivenöl
100 ml

Brauner Zucker
1 TL

- Paprikaschoten in 3 cm große Quadrate schneiden. Kalbsnieren auslösen, vom Fett befreien und in Würfel in derselben Größe wie die Paprikaschoten schneiden. Vorgang mit dem Rinderherz und der Kalbsleber wiederholen.
- Portwein mit Olivenöl und braunem Zucker verrühren. Fleisch einlegen und gut vermengen.
- Fleisch und verschiedenfarbige Paprikaschoten alternierend auf Spieße stecken.
- Spieße bei heißer Glut etwa 15 Minuten grillen, dabei regelmäßig wenden. Danach möit Salz und Pfeffer würzen.

HÄHNCHENHERZEN

Hähnchenherzen
600 g

Rosmarin
× 6 Zweige

Chilipulver
1 TL

Kurkumapulver
1 TL

Pfeffer, grob gestoßen
1 TL

Olivenöl
150 ml

Süße Sojasauce
2 EL

Rum
50 ml

 **Vorbereitungszeit 10 Minuten**

 **Kochzeit 10 Minuten bei heißer Glut**

 **6 Portionen**

- Hähnchenherzen vom Fett befreien.
- Gewürze mit Olivenöl, Rum und Sojasauce verrühren. Hähnchenherzen zugeben und gut vermengen.
- Hähnchenherzen auf Rosmarinspieße stecken und bei heißer Glut 10 Minuten grillen.

KALBSNIEREN AUF LAKRITZE

Kalbsnieren
× 3

Weiße Champignons
× 24

Lakritze
× 8 Stangen

Sahne
500 g

Szechuanpfeffer
1 EL

Cognac
50 ml

Kalbsfond
150 ml

Vorbereitungszeit 30 Minuten
Ruhezeit 30 Minuten

Kochzeit 10 Minuten
bei heißer Glut

6 Portionen

- 2 Stangen Lakritze 30 Minuten in Sahne einlegen.
- Nieren vom Fett befreien und in Stücke schneiden. Champignons halbieren. 6 Stangen Lakritze zuspitzen.
- Champignons und Nierenstücke alternierend auf die Lakritzespieße stecken.
- Szechuanpfeffer in einer trockenen Pfanne erhitzen, mit Cognac ablöschen, flambieren, Kalbsfond und Lakritzesahne zugeben und einreduzieren.
- Spieße 10 Minuten bei heißer Glut grillen und mit Lakritzesauce beträufeln.

KALBSBRIES, TOMATEN & STEINPILZE

Vorbereitungszeit 1 Stunde

Kochzeit 10 Minuten bei schwacher Glut

6 Portionen

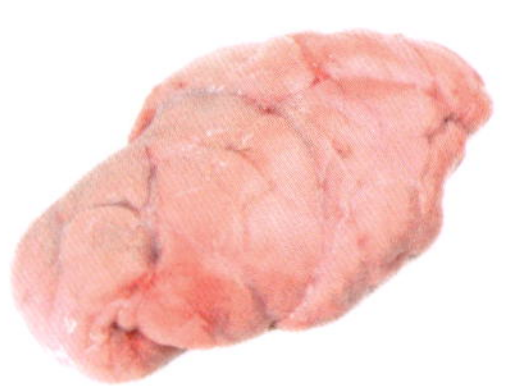
Kalbsbries
600 g (in der Haut)

Milch
500 ml

Getrocknete Tomaten in Öl
× 18

Frische kleine Steinpilze
× 12

Bauchspeck
× 3 Scheiben

Olivenöl
1 Spritzer

- ○ Kalbsbries 30 Minuten bei schwacher Hitze in Milch blanchieren. Haut und Nervenpartien entfernen und Bries in 4 cm große Würfel schneiden.
- ○ Steinpilze mit einem feuchten Tuch abwischen und halbieren.
- ○ Alternierend getrocknete Tomaten, Steinpilze und Kalbsbries auf Spieße stecken. Würzen.
- ○ Bauchspeck auf dem Grill knusprig braten und danach zerkrümeln.
- ○ Spieße 10 Minuten bei schwacher Glut grillen. Mit einem Spritzer Olivenöl beträufeln und mit Speckkrümel bestreuen.

KALBSLEBER MIT ROTEM PFEFFER

Vorbereitungszeit 15 Minuten
Marinierzeit 1 Stunde

Kochzeit 5–6 Minuten
bei heißer Glut

6 Portionen

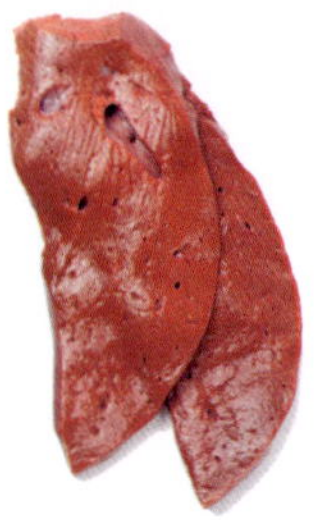

Kalbsleber
800 g

Olivenöl
150 ml

Rosmarin
1 EL

Weißer Balsamico-Essig
3 EL

Roter Pfeffer
2 EL

- Von der Kalbsleber die Haut abziehen und in 3 cm große Würfel schneiden.
- Nadeln vom Rosmarinzweig abtrennen und so fein wie möglich hacken. Olivenöl mit Rosmarin, Balsamico-Essig und roten Pfefferkörnern vermengen, Leber zugeben und 1 Stunde kalt stellen.
- Leber auf Spieße stecken und würzen. 5–6 Minuten bei heißer Glut grillen, dabei Spieße regelmäßig wenden.

SEETEUFEL AUF ROSMARINSPIESSEN

Vorbereitungszeit 15 Minuten

Kochzeit 6 Minuten bei heißer Glut

6 Portionen

Seeteufel
1,2 kg

Rosmarin
× 6 Zweige

Zitronen
× 3

Olivenöl
100 ml

Flüssiger Zucker
2 EL

- Haut vom Seeteufel entfernen und Mittelgräte herauslösen. Fisch in gleich große Stücke schneiden.
- Rosmarinzweige zuspitzen und Seeteufelstücke daraufstecken. Mit Olivenöl einreiben.
- Zitronenschale abreiben, Zitronen mitsamt der weißen Haut schälen. Zitronenabrieb und -spalten mit Olivenöl und flüssigem Zucker verrühren.
- Spieße 3 Minuten auf jeder Seite braten. Mit Zitronenöl bestreichen und würzen.

SEETEUFEL & CHORIZO

Seeteufel
1,2 kg

Pikante Chorizo
100 g

Frühlingszwiebeln
× 2

Kokosmilch
250 ml

Vanille
× 1 Schote

Olivenöl
100 ml

Zitrone
× 1

Vorbereitungszeit 15 Minuten
Marinierzeit 3 Stunden

Kochzeit 6 Minuten
bei heißer Glut

6 Portionen

- Haut vom Seeteufel entfernen und Mittelgräte herauslösen. Fisch in gleich große Stücke schneiden, in Kokosmilch mit der ausgekratzten Vanilleschote 3 Stunden marinieren.
- Chorizo in dünne Scheiben schneiden und Frühlingszwiebeln halbieren.
- ½ Frühlingszwiebel auf Metallspieße stecken, danach 1 Stück Seeteufel und 1 Scheibe Chorizo alternierend aufstecken, mit ½ Frühlingszwiebel abschließen. Wiederholen.
- Spieße 3 Minuten auf jeder Seite braten. Olivenöl mit Zitronensaft verrühren und den Fisch damit bestreichen, danach würzen.

SESAM-LACHS

Vorbereitungszeit 15 Minuten

Kochzeit 2 Minuten bei heißer Glut

6 Portionen

Frischer Lachs
1 kg

Sesamkörner
3 EL

Basilikum
× 1 Bund

Ingwer
50 g

Sesamöl
5 EL

Pastis
1 EL

- Lachs entgräten und in mundgerechte Stücke schneiden. Sesamöl mit Pastis verrühren und Lachsstücke damit bestreichen.
- Ingwer schälen und in Scheiben schneiden. Basilikumblätter abzupfen.
- 1 Scheibe Ingwer, 1 Stück Lachs, 1 Blatt Basilikum alternierend auf Spieße stecken, mit Ingwer abschließen.
- Spieße in Sesamkörnern wälzen. Auf jeder Seite 1 Minute braten.

ZITRONEN-LACHS

Vorbereitungszeit 10 Minuten

Kochzeit 2 Minuten bei heißer Glut

6 Portionen

Frischer Lachs
800 g

Zitronen
× 3

Honig
2 EL

Helle Sojasauce
4 EL

Zitronensaft
4 EL

Chilipulver
1 Prise

- Lachs entgräten und in mundgerechte Stücke schneiden. Jede Zitrone in 12 Spalten schneiden.
- Honig, Sojasauce, Zitronensaft und Chilipulver verrühren. Lachs in der Marinade wenden.
- Auf kleine Holzspieße je eine Zitronenspalte und 1 Stück Lachs stecken. Es sollten 36 Spieße sein.
- 1 Minute auf jeder Seite braten und mit der Marinade beträufeln.

LACHS, OLIVEN & BASILIKUM

Vorbereitungszeit 20 Minuten

Kochzeit 10 Minuten bei heißer Glut

6 Portionen

Lachs
× 1 Filet

Schwarze griechische Oliven × 30, ohne Kern

Basilikum
× 1 Bund

Sardellen in Öl
× 12 Filets

Olivenöl
200 ml

Zitrone
× 1

- Zitronenschale fein hacken und mit Olivenöl vermengen.
- Mit einem langen Messer die Haut vom Lachs entfernen und in 10 Streifen à 2 cm schneiden.
- Oliven mit einem Stück Sardellenfilet füllen, in ein Basilikumblatt einschlagen und mit einem Lachsstreifen umwickeln. Auf einen Spieß stecken.
- 5 Minuten auf jeder Seite braten. Mit einem Spritzer Zitronensaft servieren.

RIESENGARNELEN-YAKITORI

 **Vorbereitungszeit 5 Minuten**  **Kochzeit 5 Minuten**  **6 Portionen**

Riesengarnelen × 6

Olivenöl 100 ml

Sojasauce 100 ml

Brauner Zucker
1 EL

Fenchelsamen
1 TL

- Riesengarnelen schälen.
- Fenchelsamen im Mörser zerstoßen. Alle Zutaten außer der Garnelen vermengen.
- Riesengarnelen in die Mischung tauchen, auf Spieße stecken und 5 Minuten braten.

LACHS-YAKITORI

 **Vorbereitungszeit 5 Minuten**  **Kochzeit 5 Minuten**  **6 Portionen**

Lachs 300 g

Koriander × ½ Bund

Zitronengras × 1 Stange

Schalotte × 1

Tamarinden-Sauce
1 EL

- Lachs entgräten und Haut entfernen.
- Korianderblätter abzupfen. Schalotte schälen und fein hacken, Zitronengras klein schneiden. Alle Zutaten mit der Tamarinden-Sauce verrühren und mit Salz und Pfeffer würzen.
- Fisch wie Würste um Spieße wickeln und 5 Minuten braten.

JAKOBSMUSCHEL-YAKITORI

 **Vorbereitungszeit 5 Minuten**  **Kochzeit 5 Minuten**  **6 Portionen**

Jakobsmuscheln × 6

Süße Sojasauce
2 EL

Mohnsamen
1 EL

Limette × 1

- Jakobsmuscheln aus den Schalen nehmen und mit süßer Sojasauce beträufeln.
- Jakobsmuscheln auf Spieße stecken und 2–3 Minuten braten.
- Mit Mohnsamen bestreuen und Limettensaft beträufeln und sofort servieren.

SEEHECHT-YAKITORI

 **Vorbereitungszeit 5 Minuten**  **Kochzeit 5 Minuten**  **6 Portionen**

Seehecht 400 g

Sojasauce 150 ml

Kreuzkümmelpulver
1 TL

Balsamico-Essig
1 TL

Melasse
1 EL

- Seehecht in große, längliche Stücke schneiden und auf Spieße stecken.
- Restliche Zutaten verrühren und den Fisch mit der Marinade bestreichen. 5 Minuten braten.

ENTENBRUST-YAKITORI

 **Vorbereitungszeit 5 Minuten**  **Kochzeit 3 Minuten**  **6 Portionen**

Entenbrust × 1

Ketchup
2 EL

Sojasauce
2 EL

Knoblauch × 1 Zehe

Melasse
1 EL

- Entenbrust vom Fett befreien und in längliche Stücke schneiden.
- Knoblauch schälen und fein hacken. Alle Zutaten vermengen.
- Entenstücke auf Spieße stecken und 3 Minuten braten.

RINDFLEISCH-YAKITORI MIT COMPTÉ

 **Vorbereitungszeit 5 Minuten**  **Kochzeit 3–4 Minuten**  **6 Portionen**

Rindersteak 200 g

Comté-Käse 150 g

Sesamkörner
2 EL

Gewürzsauce
2 EL

Sojasauce
2 EL

- Fleisch in feine, 5 cm breite Streifen schneiden.
- Sojasauce und Gewürzsauce verrühren, Fleisch darin eintauchen.
- Comté-Käse in längliche Stücke schneiden und auf Spieße stecken. Den Käse mit Rindfleischstücken einwickeln und mit Sesam bestreuen. 3–4 Minuten braten, bis der Käse zu schmelzen beginnt.

HÄHNCHEN-YAKITORI

 **Vorbereitungszeit 5 Minuten**  **Kochzeit 5 Minuten**  **6 Portionen**

Hähnchenfilets × 2

Quark
2 EL

Schalotten × 2

Olivenöl
1 EL

Koriander × ½ Bund

- Hähnchen der Länge nach in Streifen schneiden und auf Spieße stecken.
- Schalotten und Koriander fein hacken, beides mit Quark verrühren, Olivenöl zugeben und würzen.
- Spieße in der Mischung wälzen und 5 Minuten braten.

KALBFLEISCH-YAKITORI

 **Vorbereitungszeit 5 Minuten**  **Kochzeit 5 Minuten**  **6 Portionen**

Kalbschnitzel
× 2 dicke

Brauner Zucker
1 EL

Zitrone × 1

Süße Sojasauce 150 ml

Ketchup
1 EL

- Schnitzel in längliche Stücke schneiden und auf Spieße stecken.
- Braunen Zucker, Zitronensaft, Sojasauce und Ketchup verrühren.
- Spieße in die Sauce tauchen und 5 Minuten braten, danach würzen.

HÄHNCHENFILET MIT KOKOSMILCH

Filets vom Landhähnchen
× 6

Limetten
× 2

Kokosmilch
350 ml

Schnittlauch
× 1 Bund

Ingwer
50 g

Schalotten
× 2

Knoblauch
× 2 Zehen

Sonnenblumenöl
2 EL

Vorbereitungszeit 5 Minuten
Marinierzeit 3 Stunden

Kochzeit 5 Minuten
bei heißer Glut

6 Portionen

- Hähnchenfilets in dünne Lamellen schneiden. Abgeriebene Zitronenschale und Zitronensaft verrühren und das Fleisch damit beträufeln.
- Ingwer, Schalotten und Knoblauch schälen. Alles fein hacken und in Öl 5 Minuten mit 1 EL Zucker anbraten. Vom Herd nehmen und mit Kokosmilch befeuchten. Schnittlauch in 1 cm lange Röllchen schneiden und in die Mischung rühren.
- Hähnchen mit der Mischung übergießen, würzen und 3 Stunden kalt stellen.
- Hähnchen bei heißer Glut goldbraun grillen. Mit der restlichen Marinade bestreichen und servieren.

ENTENBRUSTSTÜCKE MIT ORANGE

Entenbruststücke
800 g

Orangen
× 4

Zucker
25 g

Weinessig
150 ml

Grand Marnier
2 EL

Frühlingszwiebeln
× 3

Rote Zwiebeln
× 2

Olivenöl
3 EL

Vorbereitungszeit 15 Minuten
Marinierzeit 3 Stunden

Kochzeit 5 Minuten
bei heißer Glut

6 Portionen

- ○ Abrieb und Saft von 2 Orangen beiseitestellen. Essig mit Zucker erwärmen, bis er karamellisiert, zuerst Abrieb und Saft, danach Grand Marnier zugeben.
- ○ Entenbruststücke in die Marinade legen, kalt stellen und 3 Stunden marinieren lassen.
- ○ 2 weitere Orangen mit der weißen Haut abschälen, die Spalten herauslösen. Rote Zwiebeln fein hacken, Frühlingszwiebeln klein schneiden. Alles mit Olivenöl vermengen.
- ○ Entenbruststücke bei heißer Glut 5 Minuten grillen. Mit dem Orangen-Zwiebel-Salat vermengen und würzen.

ENTENBRUSTSTÜCKE MIT GEMÜSE

Entenbruststücke
600 g

Zucchini
× 3 kleine

Vorbereitungszeit 10 Minuten

Kochzeit 10 Minuten in der Pfanne

6 Portionen

Milde Chilischoten
× 12, rote und grüne

Zwiebeln
× 4

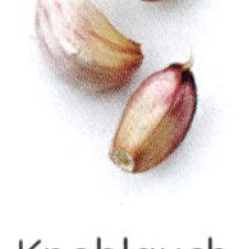

Knoblauch
× 3 Zehen

Junge Maiskolben, eingelegt
× 1 Glas

Balsamico-Essig
2 EL

Sojasauce
3 EL

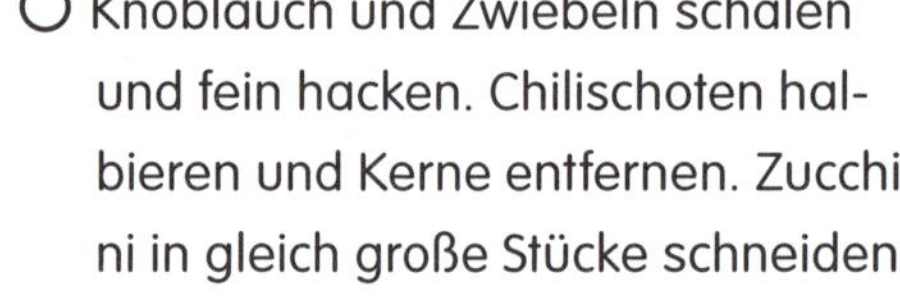

- Knoblauch und Zwiebeln schälen und fein hacken. Chilischoten halbieren und Kerne entfernen. Zucchini in gleich große Stücke schneiden.

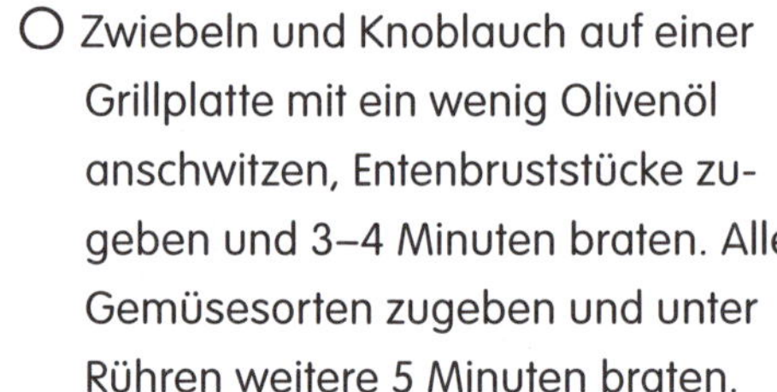

- Zwiebeln und Knoblauch auf einer Grillplatte mit ein wenig Olivenöl anschwitzen, Entenbruststücke zugeben und 3–4 Minuten braten. Alle Gemüsesorten zugeben und unter Rühren weitere 5 Minuten braten.

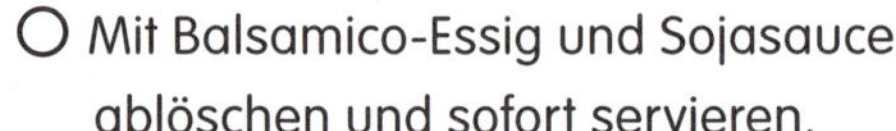

- Mit Balsamico-Essig und Sojasauce ablöschen und sofort servieren.

HÄHNCHEN-DRUM-STICKS SÜSS-SAUER

Hähnchenunterschenkel
× 12

Rote Zwiebel
× 1

Knoblauch
× 5 Zehen

Frische Ananas
100 g

Zucker
100 g

Reisessig
2 EL

Ketchup
4 EL

Vorbereitungszeit 15 Minuten

Kochzeit 20 Minuten bei schwacher Glut

6 Portionen

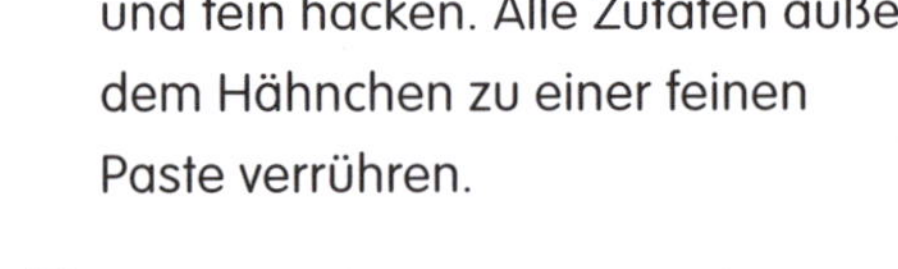

○ Knoblauch und Zwiebel schälen und fein hacken. Alle Zutaten außer dem Hähnchen zu einer feinen Paste verrühren.

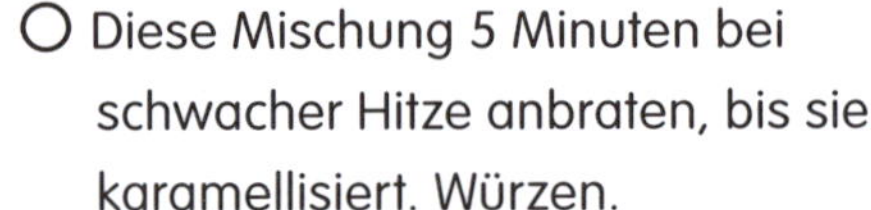

○ Diese Mischung 5 Minuten bei schwacher Hitze anbraten, bis sie karamellisiert. Würzen.

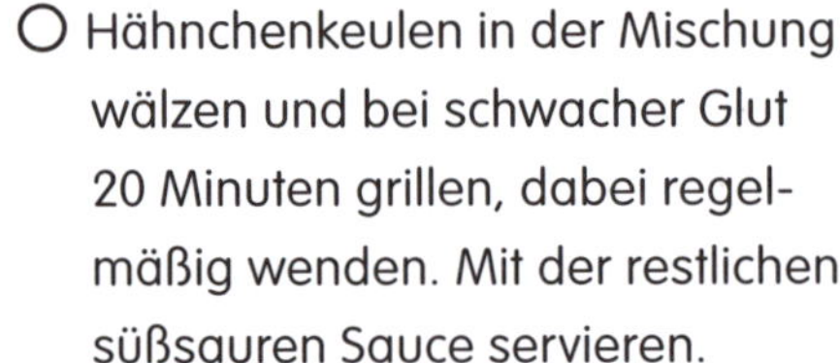

○ Hähnchenkeulen in der Mischung wälzen und bei schwacher Glut 20 Minuten grillen, dabei regelmäßig wenden. Mit der restlichen süßsauren Sauce servieren.

KANINCHEN MIT GETROCKNETEN TOMATEN

Kaninchenkeulen
× 6

Tomaten-Raritäten
× 1 Paket

Vorbereitungszeit 20 Minuten
Marinierzeit 24 Stunden

Kochzeit 30 Minuten
bei schwacher Glut

6 Portionen

Olivenöl
150 ml

Kräuter der Provence
1 EL

Getrocknete Tomaten in Öl
150 g

Knoblauch
× 2 Zehen

Ingwer
10 g

- Am Vorabend getrocknete Tomaten, geschälten Knoblauch, ½ EL Kräuter der Provence, Ingwer und 75 ml Olivenöl zu einer dicken Paste verrühren. Mit Salz und Pfeffer würzen.
- Kaninchenkeulen in regelmäßigen Abständen bis zum Knochen einschneiden. Getrocknete Tomaten in die Einschnitte füllen, Keulen mit Frischhaltefolie fest umschließen und 24 Stunden kalt stellen.
- Kaninchen bei schwacher Glut auf jeder Seite 15 Minuten braten, dabei öfter wenden. Tomaten mit dem restlichen Olivenöl bestreichen, mit den restlichen Kräutern der Provence bestreuen und würzen. Tomaten 5 Minuten grillen.

RINDERSCHULTER IN RAPSÖL MARINIERT

Rinderschulter
1 kg

Frühlingszwiebeln
× 12

Vorbereitungszeit 15 Minuten
Marinierzeit 24 Stunden

Kochzeit 3 Minuten
bei heißer Glut

6 Portionen

Ahornsirup
2 EL

Rapsöl
300 ml

Tandoori-Gewürzmischung
1 TL

Fenchelsamen
1 TL

Zitrone
× 1

Basilikum
× 1 Bund

- Rinderschulter gegen die Faser in dünne Scheiben schneiden. Frühlingszwiebeln und Basilikumblätter sehr fein schneiden.
- Alle Zutaten vermengen und die Rinderschulter mit dieser Marinade bedecken. Mit Frischhaltefolie zudecken und 24 Stunden kalt stellen.
- Rinderschulter bei heißer Glut rasch grillen und sofort mit etwas Marinade servieren.

FILET MIGNON MIT PISTAZIEN-PESTO

Schweinefilets
× 3

Basilikum
× 1 Bund

Parmesan-Käse
100 g

Pistazien
100 g

Knoblauch
× 3 Zehen

Olivenöl
200 ml

Landbrot
× 1 Scheibe, getrocknet

 **Vorbereitungszeit 30 Minuten**

 **Kochzeit 20 Minuten bei schwacher Glut**

 **6 Portionen**

- Küchengarn in gesalzenes Wasser legen.
- Basilikumblätter abzupfen. Knoblauch schälen, Parmesan würfeln. Brot zerkrümeln. Alle Zutaten außer dem Fleisch zu einer groben Paste vermengen.
- Schweinefilets vorsichtig ein-schneiden und aufklappen. Würzen und mit Pistazien-Pesto bestreichen, zusammenklappen und mit Küchengarn festbinden.
- 20 Minuten bei schwacher Glut grillen, dabei regelmäßig wenden.

KALBSROULADEN MIT MILDEN ZWIEBELN

Kalbsschnitzel
× 6 dünne

Milde Zwiebeln
× 4

Knoblauch
× 2 Zehen

Schwarze Oliven
50 g

Kreuzkümmelpulver
1 EL

Koriander
× 1 Bund

Pinienkerne
1 EL

Olivenöl
100 ml

Vorbereitungszeit 40 Minuten

**Kochzeit 10 Minuten
bei schwacher Glut**

6 Portionen

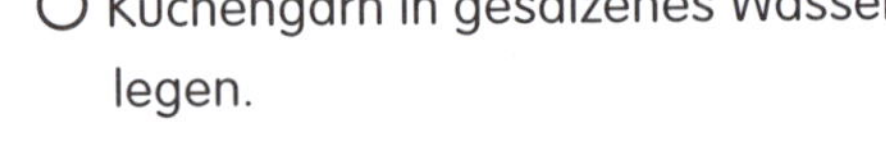

- ○ Küchengarn in gesalzenes Wasser legen.
- ○ Zwiebeln und Knoblauch schälen und fein hacken. Schwarze Oliven grob hacken, Korianderblätter abzupfen und hacken.
- ○ Zwiebeln und Knoblauch mit schwarzen Oliven, Pinienkernen, Kreuzkümmel und Koriander 10 Minuten in Olivenöl braten, bis die Zwiebeln ganz weich sind. Würzen
- ○ Kalbsschnitzel auflegen und mit Sa und Pfeffer würzen. Zwiebelkonfit darauf verteilen, Rouladen formen und mit Küchengarn festbinden.

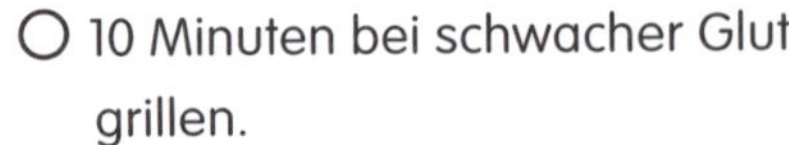

- ○ 10 Minuten bei schwacher Glut grillen.

ENTENBRUST-TOURNEDOS MIT ZUCCHINI

Vorbereitungszeit 30 Minuten

**Kochzeit 10 Minuten
bei schwacher Glut**

6 Portionen

Entenbrust
× 3

Zucchini
× 3 kleine

Steinpilze, getrocknet
50 g

Pfeffer, grob gestoßen
2 EL

Kräuter der Provence
1 EL

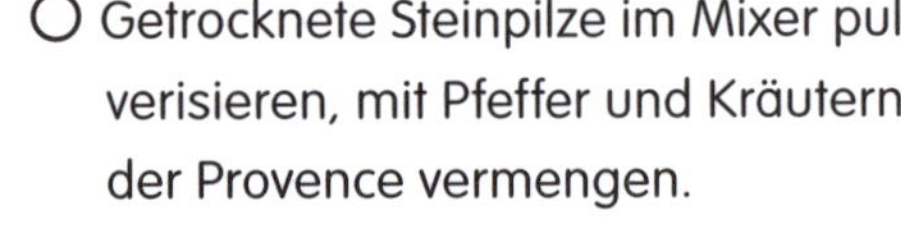

- Getrocknete Steinpilze im Mixer pulverisieren, mit Pfeffer und Kräutern der Provence vermengen.

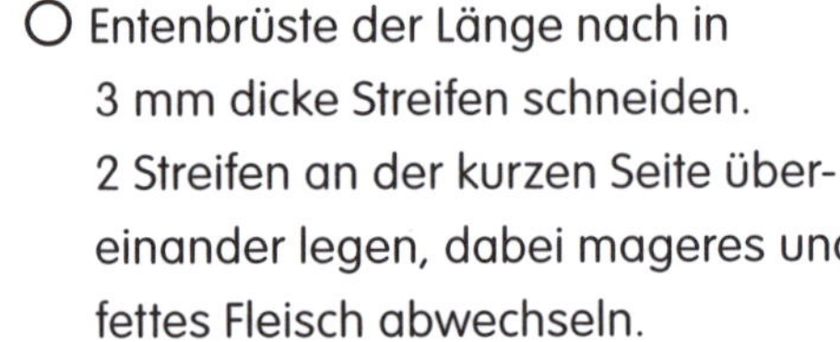

- Entenbrüste der Länge nach in 3 mm dicke Streifen schneiden. 2 Streifen an der kurzen Seite übereinander legen, dabei mageres und fettes Fleisch abwechseln.

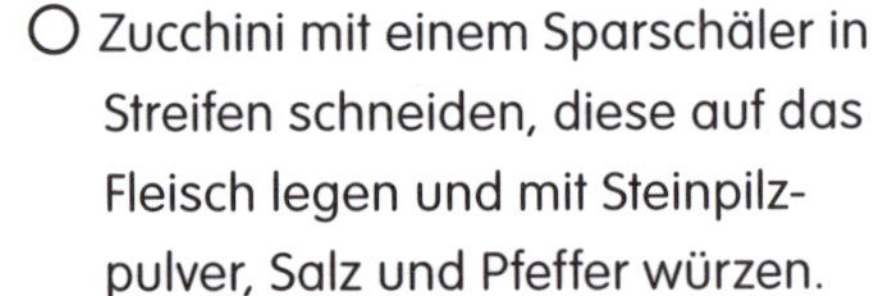

- Zucchini mit einem Sparschäler in Streifen schneiden, diese auf das Fleisch legen und mit Steinpilzpulver, Salz und Pfeffer würzen.

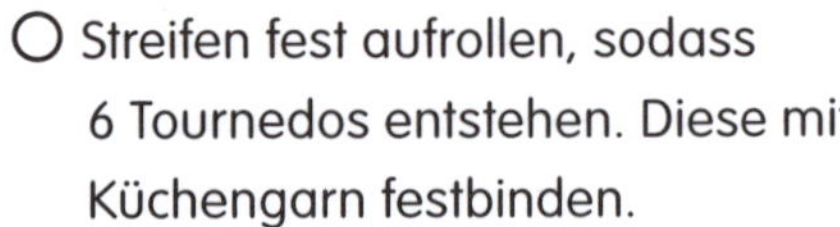

- Streifen fest aufrollen, sodass 6 Tournedos entstehen. Diese mit Küchengarn festbinden.

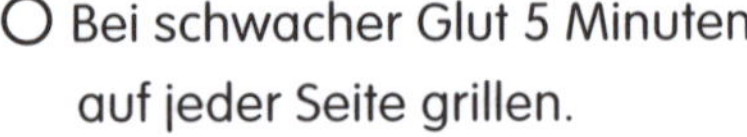

- Bei schwacher Glut 5 Minuten auf jeder Seite grillen.

KALBSROULADEN MIT ROHSCHINKEN

Vorbereitungszeit 20 Minuten

Kochzeit 10 Minuten bei schwacher Glut

6 Portionen

Kalbsschnitzel
× 6 dünne

Serrano-Schinken
× 6 Scheiben

Sardellen in Öl
× 12

Estragon
× 1 Bund

Parmesan-Käse
50 g

Nüsse
50 g

Olivenöl
100 ml

Schalotte
× 1

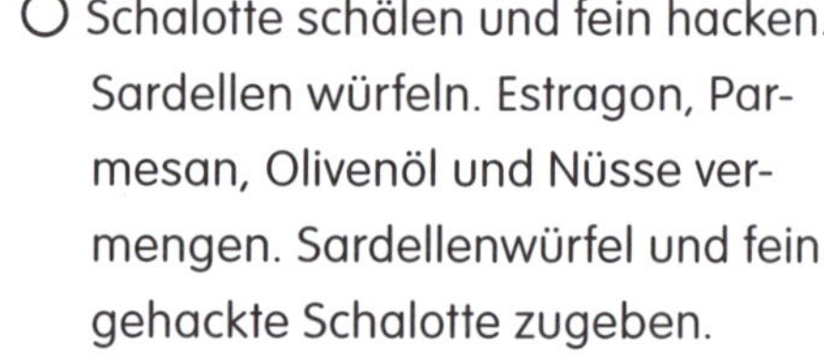
- Schalotte schälen und fein hacken. Sardellen würfeln. Estragon, Parmesan, Olivenöl und Nüsse vermengen. Sardellenwürfel und fein gehackte Schalotte zugeben.

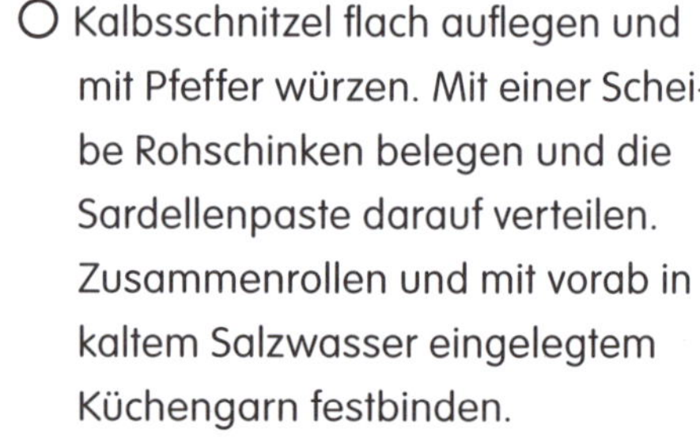
- Kalbsschnitzel flach auflegen und mit Pfeffer würzen. Mit einer Scheibe Rohschinken belegen und die Sardellenpaste darauf verteilen. Zusammenrollen und mit vorab in kaltem Salzwasser eingelegtem Küchengarn festbinden.

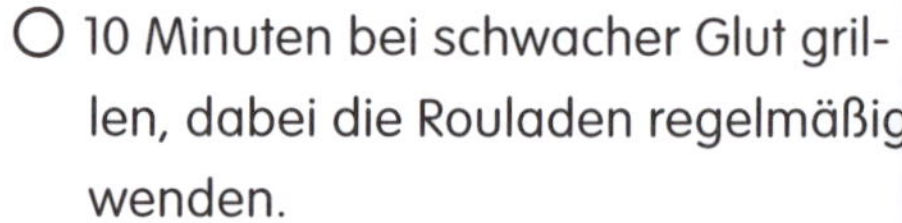
- 10 Minuten bei schwacher Glut grillen, dabei die Rouladen regelmäßig wenden.

AUSGELÖSTE LAMMSCHULTER

Vorbereitungszeit 20 Minuten

Kochzeit 45 Minuten bei schwacher Glut

6 Portionen

Lammschulter
× 2

Auberginen
1 kg

Olivenöl
200 ml

Salbei
× 12 Blätter

Marokkanisches Salz,
1 Handvoll

- Lammschulter vom Knochen lösen, flach auflegen und mit marokkanischem Salz einreiben.
- Salbeiblätter klein schneiden, mit Olivenöl vermengen und bei Raumtemperatur beiseitestellen. Auberginen quer in Scheiben schneiden.
- Lammschulter bei schwacher Glut 45 Minuten grillen. Auberginenscheiben 3–4 Minuten grillen. Mit Salbeiöl servieren.

LAMMKEULE MIT PFEFFERMINZE

Vorbereitungszeit 15 Minuten

Kochzeit 10 Minuten
bei heißer Glut/in der Pfanne

6 Portionen

Scheiben aus der Lammkeule, × 6

Knoblauch × 6 Zehen

Schalotten × 6

Ingwer 50 g

Pfefferminze × 1 Bund

Olivenöl 2 EL

- Knoblauch, Ingwer und Schalotten schälen und grob hacken. Minzeblätter abzupfen.
- Schalotten, Knoblauch und Ingwer in Olivenöl 7–8 Minuten anschwitzen, Minze erst kurz vor dem Servieren zugeben und mit Salz und Pfeffer würzen.
- Lamm bei heißer Glut grillen, wobei die Grilldauer von der gewünschten Garstufe abhängt. Mit gegrilltem Gemüse servieren.

LAMMKEULENSTEAKS MIT KNOBLAUCH

Vorbereitungszeit 15 Minuten

Kochzeit 10 Minuten bei heißer Glut

6 Portionen

Scheiben aus der Lammkeule, × 6

Knoblauch × 6 Zehen

Sardellen in Öl × 12

Schwarze griechische Oliven, × 12

Rosmarin × 2 Zweige

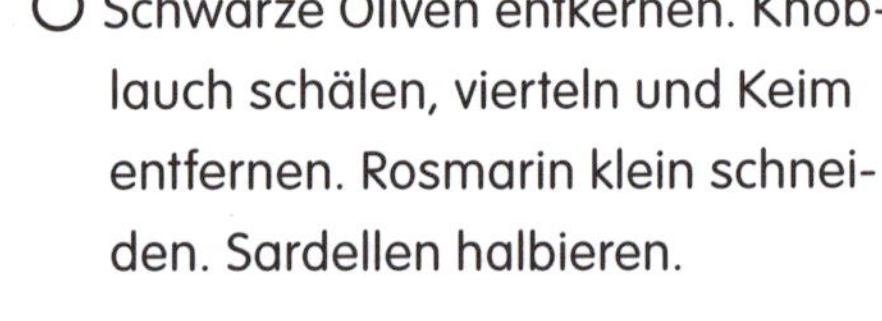

- Schwarze Oliven entkernen. Knoblauch schälen, vierteln und Keim entfernen. Rosmarin klein schneiden. Sardellen halbieren.

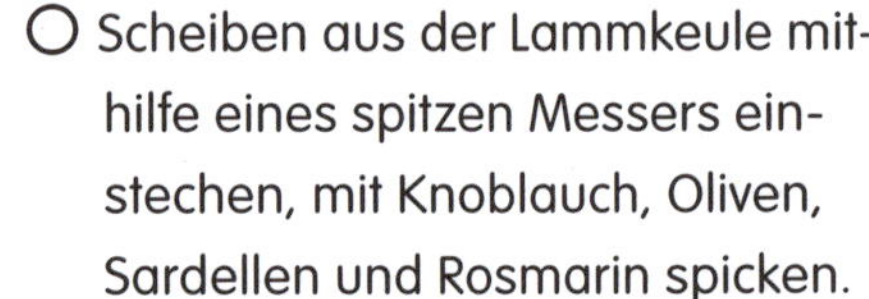

- Scheiben aus der Lammkeule mithilfe eines spitzen Messers einstechen, mit Knoblauch, Oliven, Sardellen und Rosmarin spicken.

- Auf jeder Seite bei heißer Glut grillen 5 Minuten grillen. Mit Pfeffer würzen, Salz separat auf den Tisch stellen (die Sardellen bringen schon eine ziemlich salzige Note ein).

LAMMRÜCKEN

Lammrücken
× 1

Basilikum
× 1 Bund

Schalotten
× 2

Knoblauch
× 8 Zehen

Milch
200 ml

Haselnüsse
1 EL

 **Vorbereitungszeit 30 Minuten**

 **Kochzeit 20 Minuten bei schwacher Glut**

 **6 Portionen**

- Lammrücken vom Knochen lösen. Knoblauch schälen und 15 Minuten in Milch kochen. Haselnüsse grob hacken. Knoblauch pürieren, Milch entsorgen. Knoblauchpüree mit Haselnüssen vermengen. Basilikumblätter abzupfen, Schalotten schälen und fein hacken.
- Lammrückenhälften mit der Hautseite nach unten auflegen, mit Knoblauch-Haselnuss-Püree bestreichen, mit Basilikum und gehackten Schalotten bestreuen und würzen. Bauchlappen einschlagen und mit Küchengarn festbinden.
- 20 Minuten bei schwacher Glut grillen, dabei regelmäßig wenden.

GERÄUCHERTER BAUCHSPECK

Bauchspeck
× 12 dicke Scheiben

Baguette
× 1

Vorbereitungszeit 10 Minuten

Kochzeit 10 Minuten bei schwacher Glut

6 Portionen

Knoblauch
× 2 Zehen

Tomaten
× 6

Frühlingszwiebeln
× 2

Basilikum
× 1 Bund

Rapsöl
100 ml

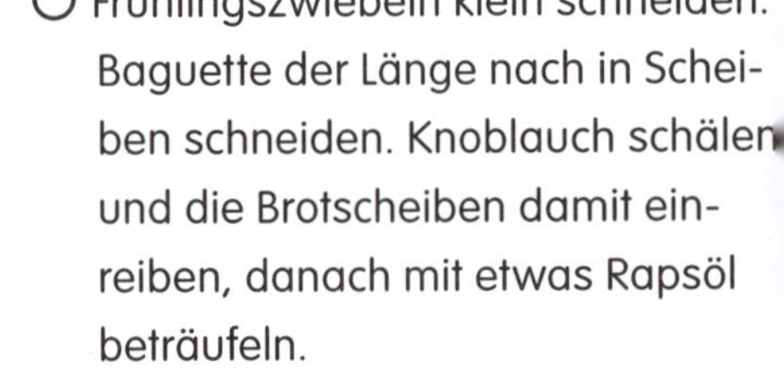

- Frühlingszwiebeln klein schneiden. Baguette der Länge nach in Scheiben schneiden. Knoblauch schälen und die Brotscheiben damit einreiben, danach mit etwas Rapsöl beträufeln.
- Tomaten in Scheiben schneiden, Basilikum grob hacken.
- Bauchspeck auf jeder Seite 5 Minuten grillen, Baguettescheiben rösten. Sofort servieren.

ENTENBRUST ALS SANDWICH

Entenbrust
× 3

Schafskäse
150 g

Rote Zwiebel
× 1

Ketchup
2 EL

Vorbereitungszeit 15 Minuten

Kochzeit 15 Minuten bei schwacher Glut

6 Portionen

- Küchengarn in gesalzenes Wasser legen.
- Rote Zwiebel schälen und hacken. Schafskäse in dünne Scheiben schneiden.
- Mit einem Messer die Haut der Entenbrust rautenförmig einschneiden. Fleischstücke halbieren und würzen. Eine Hälfte mit Schafskäse, Zwiebel und Ketchup belegen, die andere Hälfte darauflegen und mit Küchengarn festbinden.
- Auf jeder Seite 6–7 Minuten bei schwacher Glut versetzt grillen, sodass das Fett nicht Feuer fängt.

HÄHNCHEN À LA CRAPAUDINE MIT SENF

Landhähnchen
× 1

Glatte Petersilie
× 1 Bund

Frühlingszwiebel
× 1 Bund

Dijon-Senf
4 EL

Knoblauch
× 6 Zehen

Honig
1 EL

Oregano
1 TL

Olivenöl
2 EL

Vorbereitungszeit 20 Minuten
Marinierzeit 24 Stunden

Kochzeit 45 Minuten
bei schwacher Glut, zugedeckt

6 Portionen

- Hähnchen entlang des Brustbeins aufschneiden und mit großem Druck flach drücken: Es sollte wie ein Frosch aussehen.
- Knoblauch schälen, hacken und mit Senf, Honig, Olivenöl und Oregano vermengen.
- Hähnchen flach auf einen Teller legen und außen und innen mit der Marinade bestreichen. Mit Salz und Pfeffer würzen, mit Frischhaltefolie zudecken und 24 Stunden kalt stellen.
- Hähnchen 45 Minuten bei schwacher Glut grillen, dabei gelegentlich wenden. Wenn es gar ist, mit Petersilie und gehackten Frühlingszwiebeln bestreuen und 2 Minuten zugedeckt ziehen lassen. Sofort servieren.

HÄHNCHEN AUF CAJUN-ART

Landhähnchen
× 1

Kräuterfrischkäse
× 1

Chilipulver
2 EL

Knoblauch
× 8 Zehen

Kräuter der Provence
2 EL

Paprikapulver
2 EL

Olivenöl
4 EL

Zitrone
× 1

Vorbereitungszeit 20 Minuten
Marinierzeit 24 Stunden

Kochzeit 1 Stunde
bei schwacher Glut, zugedeckt

6 Portionen

- Knoblauch schälen, fein hacken und mit Chilipulver, Kräutern der Provence, Paprikapulver, Olivenöl und Zitronensaft vermengen und würzen.
- Kräuterfrischkäse mit 2 EL der Marinade verrühren und das Hähnchen damit füllen. Mit der restlichen Marinade Hähnchen einreiben, dabei fest andrücken. 24 Stunden kalt stellen.
- Hähnchen zugedeckt 1 Stunde bei schwacher Glut grillen, dabei gelegentlich wenden. Hähnchen aufschneiden und mit während der Garzeit geschmolzenem Käse überziehen.

KLASSISCHER BURGER

Hamburger-Brötchen
× 6

Hackfleisch-Steaks
× 6

Vorbereitungszeit 10 Minuten

**Kochzeit 5 Minuten
bei heißer Glut**

6 Hamburger

Milde Zwiebel
× 1

Ketchup
3 EL

Cheddar-Käse
× 6 Scheiben

Speck
× 6 Scheiben

Salatblätter
× 6 kleine

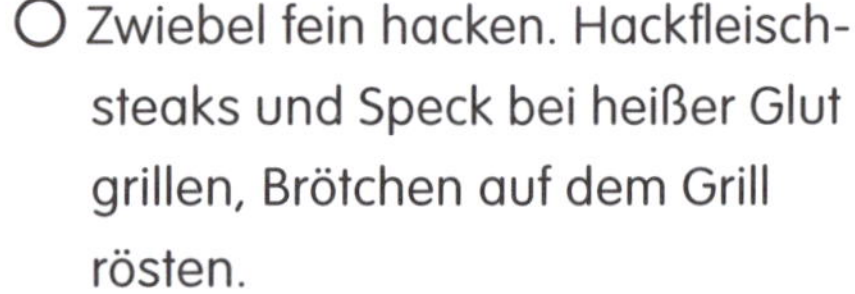

- Zwiebel fein hacken. Hackfleischsteaks und Speck bei heißer Glut grillen, Brötchen auf dem Grill rösten.

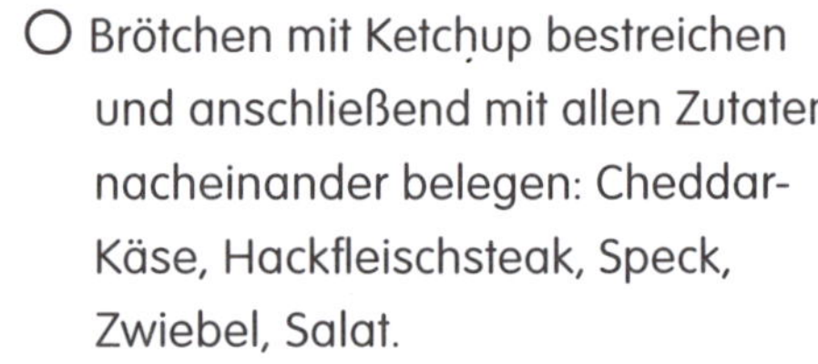

- Brötchen mit Ketchup bestreichen und anschließend mit allen Zutaten nacheinander belegen: Cheddar-Käse, Hackfleischsteak, Speck, Zwiebel, Salat.

SCHINKEN-BURGER

Hamburger-Brötchen
× 6

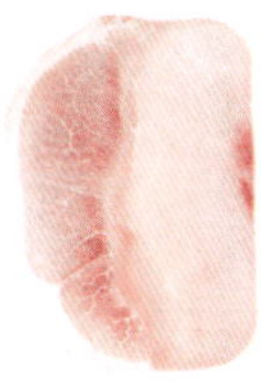

Schinken
× 3 dicke Scheiben

Vorbereitungszeit 10 Minuten

Kochzeit 10 Minuten bei heißer Glut

6 Hamburger

Frühlingszwiebeln
× 3

Bauchspeck
× 6 Scheiben

Tomaten, getrocknet
100 g

Comté-Käse
150 g

Koriander
× 1 Bund

- Mit einem Sparschäler Comté in Scheiben schneiden. Frühlingszwiebeln klein schneiden. Schinkenscheiben halbieren.
- Schinken und Bauchspeck 5 Minuten grillen. Käsescheiben auf den Schinken legen und langsam schmelzen lassen.
- Für die Sauce 3 EL Mayonnaise, 3 EL Ketchup und 1 EL Cognac verrühren
- Brötchen auf dem Grill rösten, mit der Sauce bestreichen und danach mit Schinken, Comté, Zwiebeln, Bauchspeck, getrockneten Tomaten und Koriander belegen.

HÄHNCHEN-BURGER

Hamburger-Brötchen
× 6

Hähnchenfilets
× 6

Vorbereitungszeit 5 Minuten

Kochzeit 10 Minuten
bei schwacher Glut /in der Pfanne

6 Hamburger

Rote Zwiebeln
× 2

Grüne Spargel
× 6

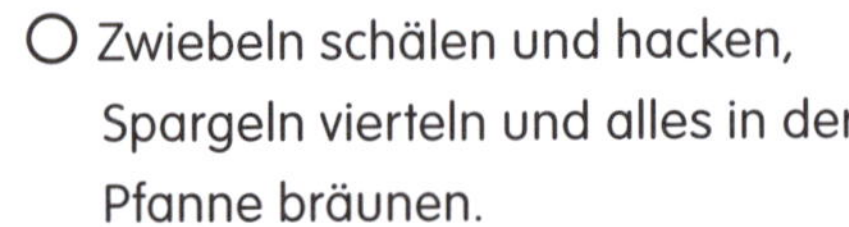

Zwiebeln schälen und hacken, Spargeln vierteln und alles in der Pfanne bräunen.

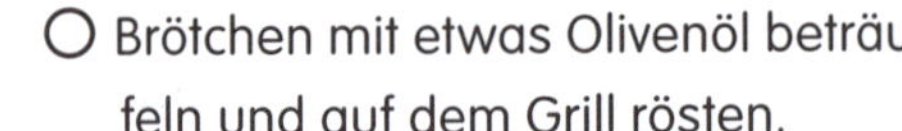

Brötchen mit etwas Olivenöl beträufeln und auf dem Grill rösten.

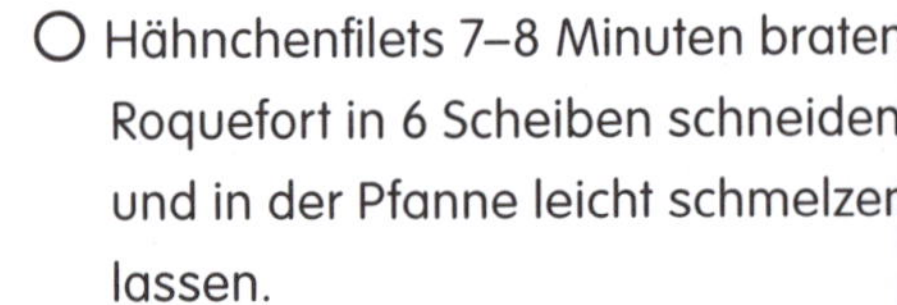

Hähnchenfilets 7–8 Minuten braten. Roquefort in 6 Scheiben schneiden und in der Pfanne leicht schmelzen lassen.

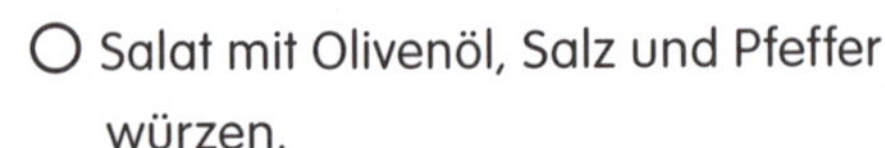

Salat mit Olivenöl, Salz und Pfeffer würzen.

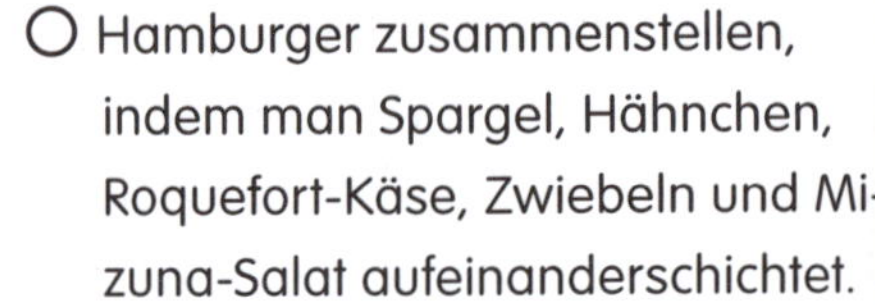

Hamburger zusammenstellen, indem man Spargel, Hähnchen, Roquefort-Käse, Zwiebeln und Mizuna-Salat aufeinanderschichtet.

Roquefort-Käse
300 g

Mizuna-Salat
× 1 Handvoll

Olivenöl
1 Schuss

BURGER MIT EI

Hamburger-Brötchen
× 6

Hackfleischsteaks
× 6

Eier
× 6

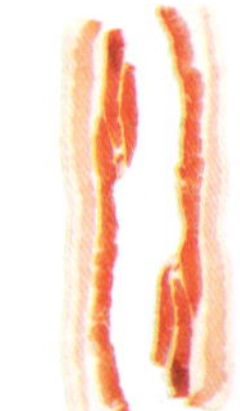

Bauchspeck
× 6 Scheiben

Gurke
× 1

Tomaten
× 2

Milde Zwiebel
× 1

Ketchup
3 EL

Milder Senf
3 EL

Vorbereitungszeit 15 Minuten

Kochzeit 10 Minuten
bei heißer Glut /in der Pfanne

6 Hamburger

- Zwiebel schälen und mit Gurke und Tomaten klein schneiden.
- Hackfleischsteaks sowie Bauchspeckscheiben bei heißer Glut grillen.
- Brötchen auf dem Grill goldbraun rösten, Eier in der Pfanne braten.
- Brötchen mit Senf und Ketchup bestreichen, danach die restlichen Zutaten aufeinander schichten: Hackfleischsteak, Bauchspeck, Ei, Zwiebel, Gurke, Tomaten.

HOT-DOGS

Vorbereitungszeit 5 Minuten

Kochzeit 10 Minuten
bei schwacher Glut /in der Pfanne

6 Hot-Dogs

Hot-Dog-Brötchen
× 6

Wiener Würstchen
× 6

Große gelbe Zwiebeln
× 4

Kreuzkümmelpulver
1 TL

Ketchup
3 EL

Olivenöl
2 EL

- Zwiebeln schälen und fein hacken. In der Pfanne mit Ölivenöl Farbe nehmen lassen. Kreuzkümmel und Ketchup zugeben und karamellisieren lassen.

- Würstchen und halbierte Brötchen grillen, Brötchen mit karamellisierten Zwiebeln bestreichen, Würstchen auflegen und mit der zweiten Brötchenhälfte bedecken. Achtgeben, dass die Zwiebeln nicht herausfallen!

FRÜHSTÜCK

 **Vorbereitungszeit 10 Minuten**

 **Kochzeit 10 Minuten in der Pfanne**

 **6 Frühstücksportionen**

Englische Muffin-Brötchen
× 6

Eier
× 6

Milde Zwiebeln
× 3

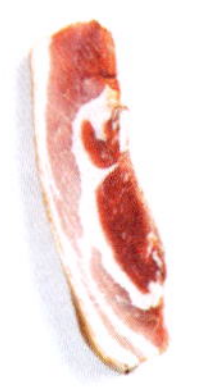

Speck
× 6 Scheiben

Koriander
× 1 Bund

BBQ-Sauce
3 EL

- Zwiebeln schälen, klein schneiden und mit dem Speck in der Pfanne braten, Korianderblätter zugeben.
- Eier in der Pfanne braten.
- Muffins halbieren und goldbraun rösten, mit BBQ-Sauce bestreichen. Mit Speck, Ei, Koriander und Zwiebeln ein Sandwich zubereiten.

KEBAB

 **Vorbereitungszeit 15 Minuten**

 **Kochzeit 15 Minuten in der Pfanne**

 **6 Kebabs**

Kebabbrote
× 6

Lammschulter
600 g

Eisbergsalat
× 1

Weiße Zwiebeln, mild
× 2

Quark
3 EL

Harissa
1 EL

- Lammschulter in dünne Streifen schneiden und in der Pfanne braten, bis sie ganz durch sind. Mit Sal umd Pfeffer würzen.
- Brötchen im Lammfett goldbraun rösten. Zwiebeln schälen, Salatblätter waschen und in Streifen schneiden.
- Brötchen mit Quark-Harissa-Sauce bestreichen. Lamm mit Salat und Zwiebeln vermengen und die Brötchen damit belegen. Sofort servieren.

OMELETT MIT CHORIZO

Baguettes
× 2

Eier
× 12

Chorizo
× 12 Scheiben

Schalotten
× 2

Tomaten
× 2

Knoblauch
× 1 Zehe

Shisoblätter
× 1 Handvoll

Olivenöl
1 Spritzer

Vorbereitungszeit 15 Minuten

Kochzeit 10 Minuten in der Pfanne

6 Sandwiches

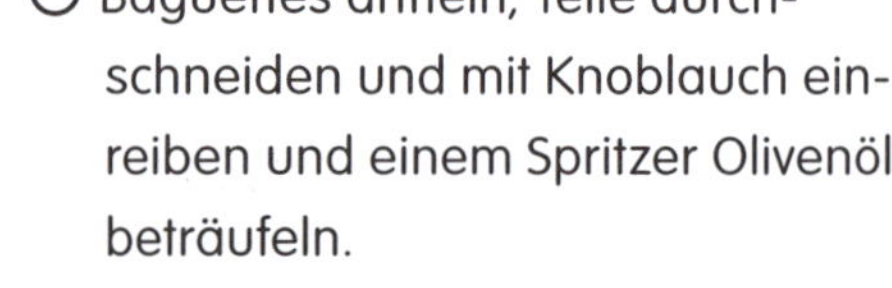

○ Baguettes dritteln, Teile durchschneiden und mit Knoblauch einreiben und einem Spritzer Olivenöl beträufeln.

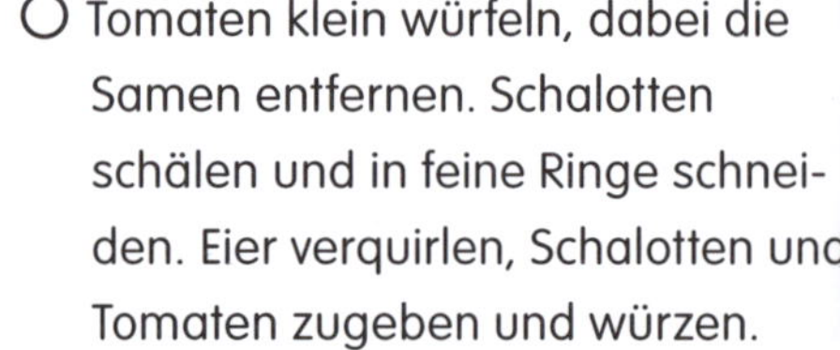

○ Tomaten klein würfeln, dabei die Samen entfernen. Schalotten schälen und in feine Ringe schneiden. Eier verquirlen, Schalotten und Tomaten zugeben und würzen.

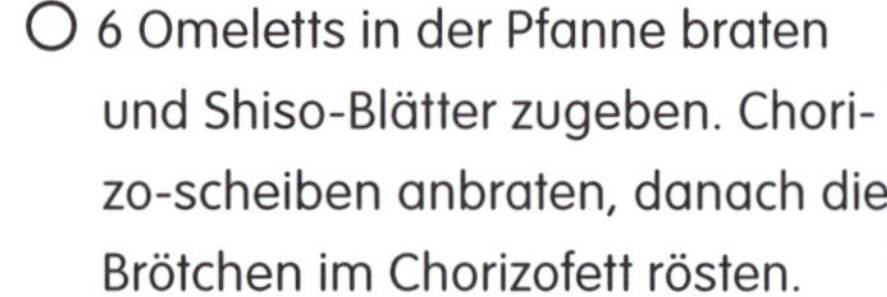

○ 6 Omeletts in der Pfanne braten und Shiso-Blätter zugeben. Chorizo-scheiben anbraten, danach die Brötchen im Chorizofett rösten.

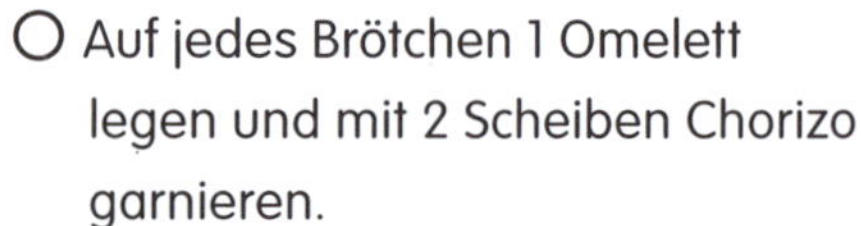

○ Auf jedes Brötchen 1 Omelett legen und mit 2 Scheiben Chorizo garnieren.

RINDERSTEAK MIT KNOCHEN

 **Vorbereitungszeit 5 Minuten**

 **Kochzeit 20 Minuten**

 **1 Portion**

Rindersteak (Hochrippe)
× 1 mit 1,2 kg

Fleur de Sel
1 Prise

- Glut entfachen und das Steak 10 Minuten auf jeder Seite grillen. Mit Fleur de Sel bestreut genießen.

- Das Garen ist für den perfekten Genuss von entscheidender Bedeutung. Das Fleisch muss über heißer Glut angebraten werden, damit sic rundherum eine karamellisierte Kruste bildet. Diese schließt den Saft im Inneren ein (für ein Steak von 1,2 kg braucht man 20 Minuten um es blutig zu braten). Die Steaks müssen einige Minuten ruhen, bevor sie dem Appetit der Gäste geopfert werden.

ue rare
Rare
edium
Well done

SCHWEINEKOTELETT MIT KRÄUTERN

Schweinekoteletts
× 6

Kerbel
× 1 Bund

Koriander
× 1 Bund

Minze
× ½ Bund

Frühlingszwiebeln
× 3

Olivenöl
3 EL

Zitronen
× 2

 **Vorbereitungszeit 15 Minuten**

 **Kochzeit 20 Minuten bei schwacher Glut**

 **6 Portionen**

- Kräuter abzupfen und kalt stellen. Abrieb und Saft der Zitronen beiseitestellen. Frühlingszwiebeln klein schneiden.
- Schweinekoteletts bei schwacher Glut 10 Minuten auf jeder Seite grillen: sie sollten gut durchgebraten sein.
- Kräuter mit Frühlingszwiebeln vermengen, mit Olivenöl und Zitronensaft beträufeln, mit Zitronenschale, Salz und Pfeffer würzen.
- Schweinekoteletts mit Kräutersalat bedeckt servieren.

SCHWEINENACKEN MIT KÖRNIGEM SENF

Vorbereitungszeit 15 Minuten

Kochzeit 20 Minuten bei schwacher Glut

6 Portionen

Schweinenacken
× 6 Scheiben

Kräuter der Provence
1 EL

Körniger Senf
6 EL

Eiweiße
× 2

- Eiweiße mit einer Gabel aufschlagen, körnigen Senf und Kräuter der Provence zugeben und würzen.
- Fleischstücke mit der Senf-Eiweiß-Mischung bestreichen und bei schwacher Glut auf sauberem Grill 20 Minuten grillen. Achtung: Je weniger oft man das Fleisch wendet, desto mehr Senfkruste wird daran haften bleiben.

SPEZIAL-KOTELETTS EMMANUEL

Lammkoteletts
× 18

Frühlingszwiebeln
× 6

Cidre, herb
200 ml

Olivenöl
150 ml

Knoblauch
× 8 Zehen

Thymian, getrocknet
1 EL

Rosmarin, getrocknet
1 EL

Vorbereitungszeit 10 Minuten
Marinierzeit 3 Stunden

Kochzeit 10 Minuten
bei schwacher Glut

6 Portionen

- Knoblauch schälen, zerdrücken un in Olivenöl leicht bräunen, danach mit Cidre vermengen und Thymian und Rosmarin zugeben.
- Koteletts in die Ölivenöl-Mischung legen und 3 Stunden marinieren lassen.
- Frühlingszwiebeln der Länge nach aufschneiden. Auf heißer Glut die Koteletts mit den Frühlingszwiebe 5 Minuten auf jeder Seite grillen (s sollen gut durchgebraten, aber im Inneren noch saftig sein) und danach mit Salz und Pfeffer würzen.

LAMMKARREE MIT TAPENADE

Lammkarrees
× 3

Schwarze griechische
Oliven, 200 g

Vorbereitungszeit 15 Minuten

**Kochzeit 20 Minuten
bei schwacher Glut**

6 Portionen

Ochsenherztomaten
× 1

Knoblauch
× 2 Zehen

Sardellen in Öl
× 6

Olivenöl
150 ml

Cognac
50 ml

Thymian und Rosmarin
× 1 Bund

- Oliven entkernen. Tomaten in 1 cm dicke Scheiben schneiden, Rosmarinzweige auf den Grill legen und darauf die Tomatenscheiben 2 Minuten auf jeder Seite grillen. Gegrillte Tomaten klein würfeln.
- Oliven mit Knoblauch, Sardellen, Cognac und Olivenöl vermengen. Tomaten und Thymian zugeben.
- Lammkarrees mit Chilisalz einreib und bei schwacher Glut 20 Minute grillen, dabei einmal wenden. (Da geschmolzene Fett könnte Feuer fangen.) Karrees öffnen und mit Tapenade füllen.

KALBSKOTELETT MIT SCHALOTTENBUTTER

Vorbereitungszeit 15 Minuten

Kochzeit 10–15 Minuten bei heißer Glut

6 Portionen

Kalbskoteletts
× 3 dicke

Leicht gesalzene Butter
150 g

Schalotten
× 2

Knoblauch
× 1 Zehe

Schnittlauch
× 1 Bund

Pfeffer, grob gestoßen
1 TL

- Knoblauch und Schalotten schälen und fein hacken. Schnittlauch in kleine Röllchen schneiden. Mit einer Gabel die leicht gesalzene Butter streichfähig machen, Knoblauch, Pfeffer, Schalotten und Schnittlauch einarbeiten. Bei Raumtemperatur beiseitestellen.
- Kalbskoteletts bei heißer Glut 10–15 Minuten (je nach Dicke und gewünschter Garstufe) grillen. Großzügig mit Schalottenbutter bestreichen und sofort servieren.

WOLFSBARSCH MIT FENCHEL

Wolfsbarsch
× 2 à 1,2 kg

Fenchelsamen
2 EL

Tomaten
× 3

Schnittlauch
× 1 Bund

Rote Johannisbeeren
× 1 Körbchen

Frühlingszwiebel
× 1

Helle Sojasauce
2 EL

Olivenöl
200 ml

 **Vorbereitungszeit 20 Minuten**

 **Kochzeit 30 Minuten bei heißer Glut**

 **6 Portionen**

- Wolfsbarsche putzen, Kiemen entfernen und Fische innen mit Fenchelsamen bestreuen.
- Tomaten 10 Sekunden in kochendes Wasser tauchen und die Haut abziehen. Tomaten würfeln. Frühlingszwiebel und Schnittlauch klein schneiden, Johannisbeeren entstielen und alles mit Sojasauce und Olivenöl vermengen.
- Fische 15 Minuten auf jeder Seite grillen. Warten, bis die erste Seite gut gebräunt ist, um den Fisch zu wenden, sonst bleibt die Haut am Grill haften.
- Filets auslösen, mit der Marinade beträufeln und mit Fleur de Sel würzen.

STREIFENBRASSE

Streifenbrassen
× 3 à 400 g

Frühlingszwiebeln
× 4

Tomaten
× 3 sehr reif

Schwarze griechische
Oliven

80 g
Zitronenthymian

× 2 Schuss
Olivenöl, 200 ml

Vorbereitungszeit 15 Minuten

Kochzeit 20 Minuten bei heißer Glut

6 Portionen

- Ausgenommene (durch den Fischhändler) Streifenbrassen mit Olivenöl bestreichen.
- Oliven entkernen und grob hacken. Frühlingszwiebeln klein schneiden, Tomaten klein würfeln, Thymianblätter abzupfen und alles vermengen.
- Streifenbrassen mit einem Drittel der Farce füllen, Fische mit Fleur de Sel würzen, restliche Farce mit Olivenöl verrühren.
- Streifenbrassen bei heißer Glut 10 Minuten auf jeder Seite grillen (eine Messerspitze muss ohne Widerstand bis zur Mittelgräte stoßen). Filets auslösen und mit Marinade beträufeln.

PETERSFISCH

Petersfisch
× 3

Tomaten
× 2

Getrocknete Tomaten in Öl
100 g

Schalotten
× 2

Trockener Weißwein
1 Glas

Brauner Zucker
1 EL

Frischer Thymian
× 1 Bund

 **Vorbereitungszeit 15 Minuten**

 **Kochzeit 20 Minuten bei heißer Glut**

 **6 Portionen**

- Kopf des Petersfisches abschneide
- Frische Tomaten 30 Sekunden in kochendes Wasser tauchen und di Haut abziehen. Tomaten beiseitestellen.
- Schalotten schälen, fein hacken un in einem Topf mit Weißwein, Zucke getrockneten und frischen Tomate kochen, und zu einem dicken Conf einkochen lassen. Würzen und Thymianspitzen zugeben.
- Petersfisch bei heißer Glut auf jeder Seite 10 Minuten grillen. Filet auslösen und mit der Marinade servieren.

ZITRONENMAKRELEN

Vorbereitungszeit 20 Minuten

Kochzeit 10 Minuten bei heißer Glut

6 Portionen

Makrelen
× 6

Fleur de Sel
1 Prise

Zitronen
× 3

Kapern
50 g

Eier
× 3

Olivenöl
200 ml

- Makrelen ausnehmen.
- Eier in kochendem Wasser 10 Minu ten kochen, unter kaltem Wasser abschrecken, schälen und grob hacken.
- Abrieb von 2 Zitronen beiseitestel- len, 3 Zitronen mit der weißen Hau schälen, Spalten auslösen. Kapern klein hacken und alle Zutaten mit Olivenöl vermengen.
- Makrelen 5 Minuten auf jeder Seite grillen. Filets auslösen, mit der Ma nade beträufeln und mit Fleur de S würzen.

SARDINEN

Vorbereitungszeit 15 Minuten

Kochzeit 5 Minuten bei heißer Glut

6 Portionen

Sardinen
× 24, ganz frisch

Baguettes
× 2

Fleur de Sel
1 Prise

Knoblauch
× 6 Zehen

Kräuter der Provence
1 EL

Olivenöl
150 ml

- Puristen nehmen Sardinen nicht aus, die anderen schon.
- Knoblauch schälen und fein hacken. Olivenöl schwach erhitzen, Knoblauch zugeben und leicht bräunen, danach Kräuter der Provence zugeben.
- Baguettescheiben auf dem Grill rösten.
- Sardinen bei heißer Glut auf jeder Seite 2–3 Minuten grillen und die Filets (mit den Fingern) auslösen.
- Geröstete Brötchen in Knoblauchöl tauchen, mit Sardinenfilets belegen und mit Fleur de Sel bestreuen.

ROTBARBEN MIT LEBERSCHNITTCHEN

Rotbarben
× 6

Baguette
× 6 Scheiben

Thymian, getrocknet
× 3 Zweige

Perlzwiebeln
× 12

Schwarze griechische
Oliven, × 12

Glatte Petersilie
× 1 Bund

Olivenöl
100 ml

 **Vorbereitungszeit 20 Minuten**

 **Kochzeit 10 Minuten**
bei heißer Glut /in der Pfanne

 **6 Portionen**

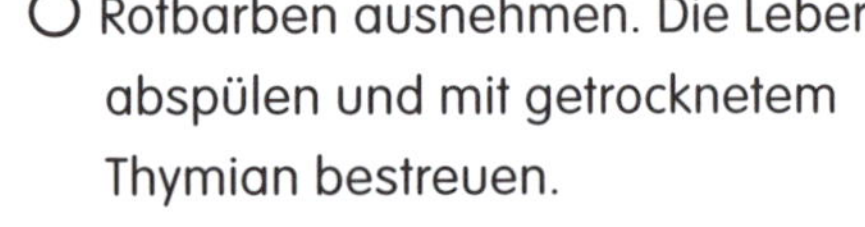

- Rotbarben ausnehmen. Die Leber abspülen und mit getrocknetem Thymian bestreuen.
- Perlzwiebeln schälen und fein hacken, Oliven entkernen und klei schneiden, Petersilienblätter abzupfen.
- Alle Zutaten in der Pfanne in weni Olivenöl braten, danach würzen. Baguettescheiben mit Olivenöl be träufeln, auf dem Grill rösten und mit der Leber-Zwiebel-Oliven-Mischung bestreichen.
- Rotbarben bei heißer Glut auf beiden Seiten 5 Minuten grillen. M den Schnittchen servieren.

SARDELLEN AUF GERÖSTETEM BROT

Vorbereitungszeit 10 Minuten

**Kochzeit 5 Minuten
bei heißer Glut /in der Pfanne**

6 Portionen

Frische Sardellen
× 12

Baguette
× 1

Frühlingszwiebeln
× 6

Tomaten
× 3 reife

Knoblauch
× 2 Zehen

Olivenöl
200 ml

- Baguette der Länge nach aufschneiden und in Brötchen teilen. Knoblauch schälen und die Brötchen damit einreiben, diese dann mit Olivenöl beträufeln.
- Frühlingszwiebeln klein schneiden und Tomaten vierteln. Beides in der Pfanne in wenig Olivenöl anschwitzen.
- Die ganzen Sardellen bei heißer Glut 2 Minuten grillen, Filets mit den Fingern auslösen und die Brötchen auf dem Grill rösten.
- Jedes Brötchen mit der Tomaten-Frühlingszwiebel-Mischung bestreichen und mit Sardellenfilets belegen. Mit Fleur de Sel und Pfeffer würzen.

TINTENFISCH VOM GRILL

Tintenfische, küchenfertig
× 6

Zitronengras
× 2 Stangen

Frühlingszwiebeln
× 2

Dill
× 1 Bund

Olivenöl
150 ml

Brauner Zucker
1 TL

Zitrone
× 1

Currypulver
1 TL

Vorbereitungszeit 15 Minuten

Kochzeit 5 Minuten bei heißer Glut

6 Portionen

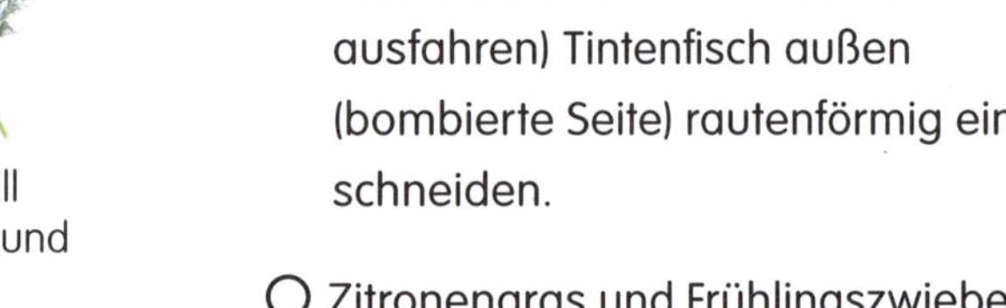

- Mit einem Cutter (Klinge auf die Hälfte der Dicke des Tintenfisches ausfahren) Tintenfisch außen (bombierte Seite) rautenförmig ein schneiden.

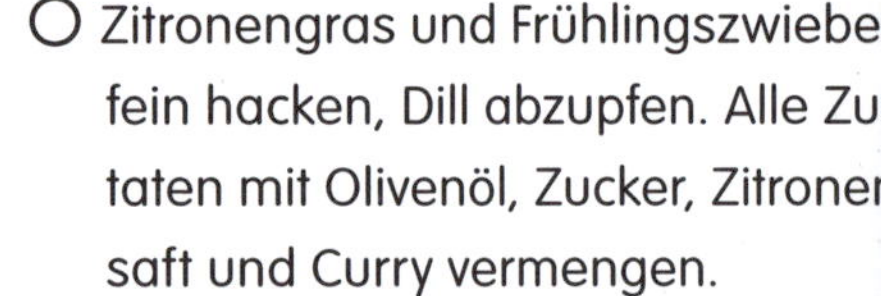

- Zitronengras und Frühlingszwiebel fein hacken, Dill abzupfen. Alle Zutaten mit Olivenöl, Zucker, Zitronen saft und Curry vermengen.

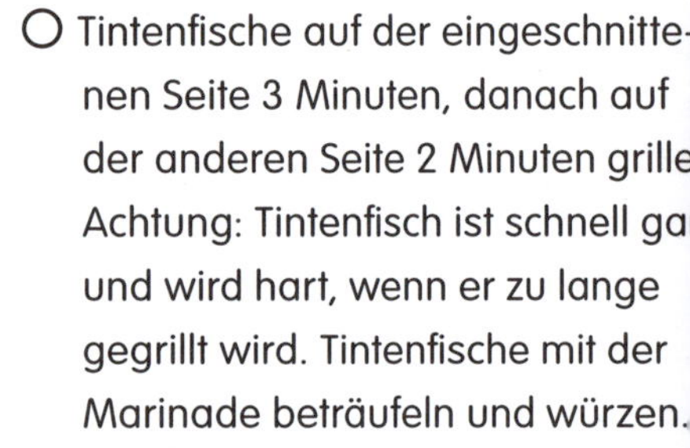

- Tintenfische auf der eingeschnitte-nen Seite 3 Minuten, danach auf der anderen Seite 2 Minuten grille Achtung: Tintenfisch ist schnell ga und wird hart, wenn er zu lange gegrillt wird. Tintenfische mit der Marinade beträufeln und würzen.

THUNFISCH, SCHALOTTEN & LIMETTEN

Vorbereitungszeit 15 Minuten
Marinierzeit 24 Stunden

Kochzeit 15 Minuten
bei heißer Glut

6 Portionen

Thunfischsteaks, vom weißen Thun, × 6

Schalotten
× 6

Fleur de Sel
1 Prise

Limetten
× 2

Olivenöl
200 ml

Kardamompulver
1 TL

- Zesten und Saft der Limetten bereitstellen. Thunfischsteaks am Vorabend in eine Mischung aus Olivenöl, Kardamom und Limettensaft einlegen.
- Schalotten schälen, halbieren und 15 Minuten auf dem Grill rösten.
- Thunfischsteaks nach gewünschter Garstufe grillen. Schalotten mit der Marinade beträufeln, mit Fleur de Sel würzen und sofort servieren.

LACHS MIT GRÜNER SAUCE

Lachsfilet
× 1, mit der Haut

Eier
× 2

Scharfer Senf
1 EL

Basilikum
× 1 Bund

Reisessig
1 EL

Zitrone
× 1

Olivenöl
200 ml

Vorbereitungszeit 20 Minuten

Kochzeit 25 Minuten bei heißer Glut

6 Portionen

- Lachsfilets mit einer Pinzette entgräten.
- Wasser in einem Topf zum Kochen bringen, Eier einlegen und 5 Minuten kochen lassen, unter kaltem Wasser abschrecken und schälen. Eier mit Senf, Basilikumblättern, Reisessig, Olivenöl und Zitronensa im Mixer grob pürieren und würze
- Lachs mit der Hautseite auf den sehr heißen Grill legen und 10 Minuten grillen, wenden und auf der anderen Seite ebenfalls 10 Minuten grillen. Haut abziehen, diese 5 Minuten mit der Fleischseite auf dem Grill ruhen lassen. Lachsfilet im Ganzen mit der knusprigen Ha servieren.

RIESENGARNELEN MIT FENCHEL

Vorbereitungszeit 10 Minuten

Kochzeit 5 Minuten
bei heißer Glut, zugedeckt

6 Portionen

Riesengarnelen
× 18

Wilder Fenchel
× 1 Bund

Fenchelsamen
1 EL

Pastis
2 EL

Fleur de Sel
1 Prise

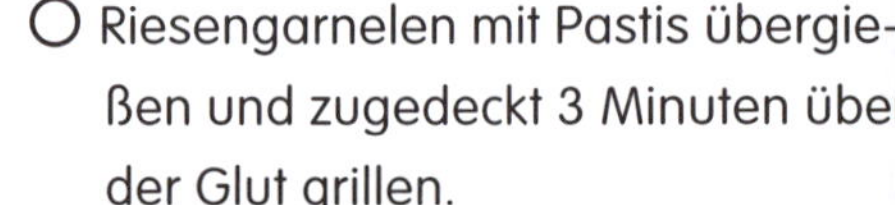

- Riesengarnelen mit Pastis übergießen und zugedeckt 3 Minuten übe der Glut grillen.

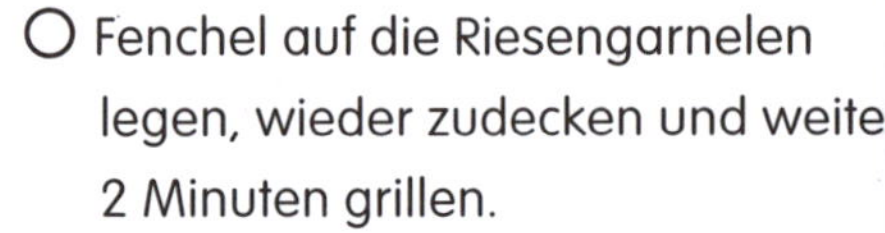

- Fenchel auf die Riesengarnelen legen, wieder zudecken und weite 2 Minuten grillen.

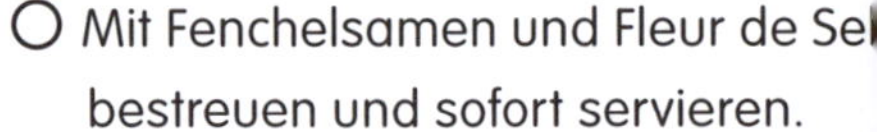

- Mit Fenchelsamen und Fleur de Se bestreuen und sofort servieren.

CALAMARI MIT ESTRAGON

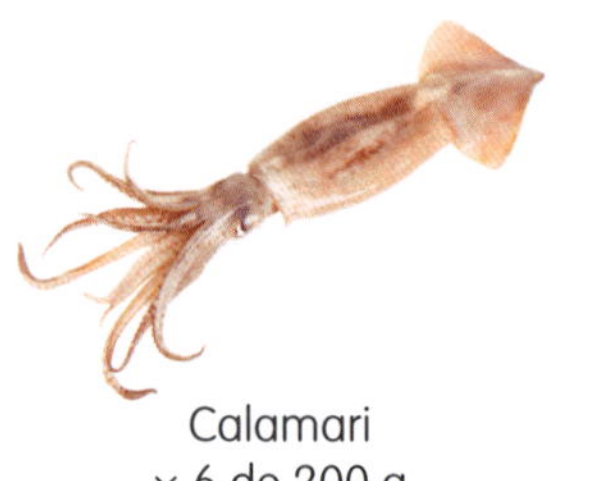

Calamari
× 6 de 200 g

Estragon
× 1 Bund

Vorbereitungszeit 20 Minuten

Kochzeit 10 Minuten bei heißer Glut

6 Portionen

Schalotten
× 2

Pistazien
150 g

Toastbrot
× 2 Scheiben

Sahne
150 g

Reis, gekocht
200 g

Eier
× 2

- Calamari ausnehmen, die Tentakel beiseitelegen. Calamari gründlich abspülen. Estragonblätter abzupfen, Schalotten fein hacken.
- In einem Mixer Eier, Toastbrot, Pistazien, Estragon und Sahne pürieren. Schalotten und Reis zufügen und würzen.
- Calamari mit dieser Farce füllen, Tentakel mithilfe von Zahnstochern wieder befestigen und mit Paprikapulver bestreuen.
- Bei heißer Glut 5 Minuten auf jeder Seite grillen. Mit einem Spritze Olivenöl beträufeln.

RIESENGARNELEN & FRÜHLINGSGEMÜSE

Riesengarnelen
× 18

Kaiserschoten
150 g

Grüne Bohnen
150 g

Frühlingskarotten
× 6

Bohnen, ausgelöst
150 g

Knoblauch
× 2 Zehen

Sojasauce
3 EL

Pastis
1 EL

Vorbereitungszeit 20 Minuten

Kochzeit 5 Minuten
bei heißer Glut /in der Pfanne

6 Portionen

- Riesengarnelen vorbereiten. Knoblauch schälen, zerdrücken und mit dem Saft von 1 Zitrone, Sojasauce und Pastis vermengen. Riesengarnelen mit dieser Marinade bestreichen.

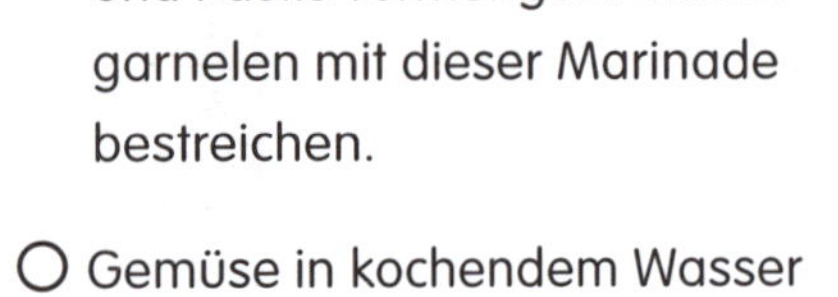

- Gemüse in kochendem Wasser garen und sofort abschrecken.
- 15 g Butter in einer Pfanne schmelzen lassen, Gemüse zugeben, 5 Minuten braten und mit der Marinade der Riesengarnelen ablöschen.
- Riesengarnelen auf jeder Seite 2 Minuten grillen. Sofort mit dem Gemüse servieren.

JAKOBSMUSCHELN & GEGRILLTER SALA

Jakobsmuscheln
× 12

Bauchspeck
× 6 dünne Scheiben

Vorbereitungszeit 10 Minuten

**Kochzeit 5 Minuten
bei heißer Glut**

6 Portionen

Romanasalat
× 3

Olivenöl
150 ml + 1 EL

Schalotten
× 3

Balsamico-Essig
1 EL

Milder Senf
1 TL

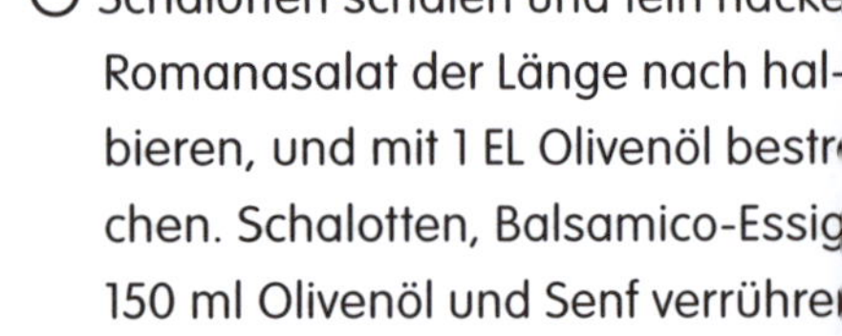

- ○ Schalotten schälen und fein hacke Romanasalat der Länge nach hal-bieren, und mit 1 EL Olivenöl bestr chen. Schalotten, Balsamico-Essig 150 ml Olivenöl und Senf verrühre

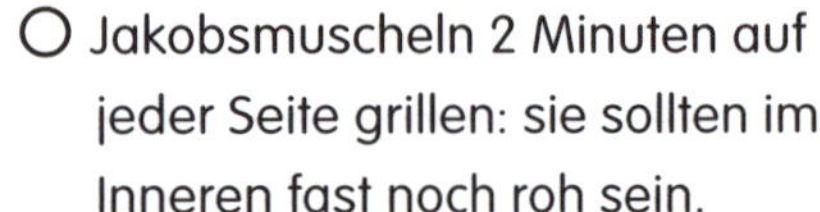

- ○ Jakobsmuscheln 2 Minuten auf jeder Seite grillen: sie sollten im Inneren fast noch roh sein.
- ○ Bauchspeck grillen, bis er knuspri ist. Romanasalat kurz auf den Gri legen.
- ○ Jakobsmuscheln auf einen Teller legen, Romanasalat und grob ge schnittenen Bauchspeck zugeben und mit Schalottenvinaigrette übe gießen.

JAKOBSMUSCHELN & BAUCHSPECK

Jakobsmuscheln
× 18

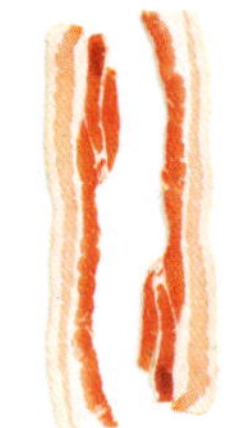

Bauchspeck
× 6 Scheiben

Vorbereitungszeit 20 Minuten

Kochzeit 10 Minuten in der Pfanne

6 Portionen

Karotten
× 4

Goldrübe
× 1

Schalotte
× 1

Knoblauch
× 2 Zehen

Schnittlauch
× 1 Bund

Rapsöl
2 EL

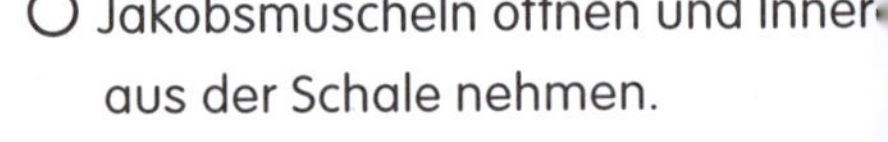

- ○ Jakobsmuscheln öffnen und Inner aus der Schale nehmen.
- ○ Karotten schälen und in 3 × 5 mm große Stifte schneiden. Schalotte und Knoblauch schälen und fein hacken. Rübe schälen und in Juliennestreifen schneiden. Schni lauch in 2 cm lange Röllchen und Bauchspeck in Streifen schneiden
- ○ Gemüse mit Bauchspeck in einer Pfanne in wenig Rapsöl 5 Minute braten.
- ○ Jakobsmuscheln auf jeder Seite 2–3 Minuten braten. Schnittlauch zum Gemüse geben und würzen Sofort servieren.

GEBRATENER LACHS

Vorbereitungszeit 15 Minuten

Kochzeit 15 Minuten bei heißer Glut

6 Portionen

Lachsfilet
× 1 à 1,2 kg, mit Haut

Schalotten
× 2

Fenchelsamen
1 EL

Koriander
× 1 Bund

Rote Chilischote
1 kleine

Zitrone
× 1

- Schalotten und Koriander fein hacken. Zitronenzesten reißen. Chilischote entkernen und hacken.

- Spitze vom Lachs abschneiden und Filets entgräten. Fisch der ganzen Länge nach an der Verbindung zwi schen Bauch und Filet einschneide indem man das Messer zwischen Bauch und Haut schiebt. Bauch en fernen (Tatar für den Apéro mache

- Lachsfilet mit allen Zutaten garnie ren, mit Salz und Pfeffer bestreue Filet in der Haut einrollen und mit vorab in Salzwasser eingelegtem Küchengarn festbinden.

- Bei heißer Glut 15 Minuten grillen, dabei regelmäßig wenden. In dic Scheiben schneiden.

GEBRATENER SEETEUFEL

Seeteufel ohne Kopf
× 1 à 800 g

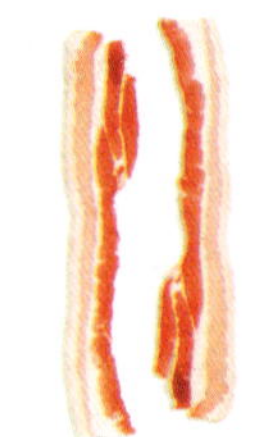

Bauchspeck
× 18 dünne Scheiben

Vorbereitungszeit 30 Minuten

**Kochzeit 20 Minuten
bei schwacher Glut, zugedeckt**

6 Portionen

Getrocknete Tomaten in Öl
100 g

Basilikum
× 1 Bund

Knoblauch
× 1 Zehe

Ingwer
20 g

Orange
× 1

- Seeteufelfilets von der Mittelgräte ablösen. Feine Membran von den Filets entfernen.
- Getrocknete Tomaten, Basilikum, Orangenzesten, Ingwer und Knoblauch in einem Mixer pürieren und mit Orangensaft verdünnen.
- Bauchspeckscheiben überlappend auflegen: Die Länge sollte mit der Länge der Seeteufel übereinstimmen. Seeteufelfilet auf den Bauchspeck legen, mit Tomatenpüree bestreichen, das zweite Filet gegengleich darauflegen und mit dem Bauchspeck einrollen.
- Seeteufel zugedeckt 10 Minuten bei schwacher Glut grillen. Wenden und 10 weitere Minuten grillen.

LACHS AUF TANNENZWEIGEN

Vorbereitungszeit 20 Minuten

Kochzeit 5 Minuten
bei heißer Glut, zugedeckt

6 Portionen

Lachsfilet
× 1

Tannenzweige
× 6

Olivenöl
200 ml

Zitronen
× 2

Waldhonig
1 EL

- Haut vom Lachsfilet abziehen und Gräten mit einer Pinzette entferne Lachs vom dicken Ende her in dün Scheiben schneiden.

- Olivenöl mit Zitronensaft und Honi verrühren. Lachsscheiben um die Nadeln der Tannenzweige wickel und mit der Marinade bestreichen

- Tannenzweige auf den Grill legen und zugedeckt 5 Minuten grillen. Der Fisch sollte innen noch glasig sein. Lachs würzen und mit den Tannenzweigen servieren.

KARTOFFELN MIT ESTRAGONCREME

Vorbereitungszeit 15 Minuten

Kochzeit 30 Minuten bei schwacher Glut

6 Portionen

Kartoffeln
× 6

Crème fraîche
2 EL

Quark
4 EL

Estragon
× 1 Bund

Schalotte
× 1

- Kartoffeln in Aluminiumfolie wickel direkt in die schwache Glut legen, mit Glut bedecken und 30 Minuten braten. Die Kartoffeln sollten sich weich anfühlen.
- Estragonblätter abzupfen und fein hacken. Schalotte schälen und ebenfalls fein hacken. Alles mit Quark und Crème fraîche verrühre Würzen.
- Kartoffeln mit der Estragoncreme servieren.

KARTOFFELN & SAUCE VIERGE

Vorbereitungszeit 15 Minuten

Kochzeit 30 Minuten bei schwacher Glut

6 Portionen

Kartoffeln
× 6

Tomaten
× 3 reife

Frühlingszwiebeln
× 2

Basilikum
× 1 Bund

Kapern
1 EL

Olivenöl
200 ml

- Kartoffeln in Aluminiumfolie wickeln, direkt in die schwache Glut legen, mit Glut bedecken und 30 Minuten braten. Die Kartoffeln sollten sich weich anfühlen.
- Tomaten 30 Sekunden in kochendes Wasser legen, Haut abziehen und das Fruchtfleisch klein würfeln. Basilikumblätter abzupfen und klein schneiden, Frühlingszwiebeln fein hacken. Alles mit Kapern und Olivenöl verrühren und mit Salz und Pfeffer würzen.
- Kartoffeln mit der Sauce Vierge servieren.

KARTOFFELN MIT PISTAZIENPESTO

Vorbereitungszeit 15 Minuten

Kochzeit 30 Minuten bei schwacher Glut

6 Portionen

Kartoffeln
× 6

Pistazien
150 g

Basilikum
× 1 Bund

Olivenöl
200 ml

Parmesan-Käse
50 g

Schalotte
× 1

- Kartoffeln in Aluminiumfolie wickeln, direkt in die schwache Glut legen, mit Glut bedecken und 30 Minuten braten. Die Kartoffeln sollten sich weich anfühlen.
- Basilikumblätter abzupfen. Pistazien, Basilikum, Olivenöl und Parmesan im Mixer pürieren und würzen. Schalotte schälen, fein hacken und unter das Pistazienpesto mischen.
- Kartoffeln mit Pistazienpesto servieren.

KARTOFFELN MIT TOMATEN

Kartoffeln
× 6

Tomaten
× 6

Ingwer
30 g

Zwiebel
× 1

Knoblauch
× 2 Zehen

Sojasauce
1 EL

Olivenöl
3 EL

 **Vorbereitungszeit 15 Minuten**

 **Kochzeit 30 Minuten bei schwacher Glut**

 **6 Portionen**

- Kartoffeln in Aluminiumfolie wickeln, direkt in die schwache Glut legen, mit Glut bedecken und 30 Minuten braten. Die Kartoffeln sollten sich weich anfühlen.

- Tomaten 30 Sekunden in kochend Wasser legen, Haut abziehen und das Fruchtfleisch klein würfeln. Knoblauch, Zwiebel und Ingwer schälen und fein hacken. Diese Mischung in Olivenöl anschwitzen. Tomaten zugeben und einkochen lassen. Alles im Mixer pürieren, Sojasauce zugeben und würzen.

- Kartoffeln mit den Tomaten servieren.

ZWIEBELN MIT PFEFFERBUTTER

Vorbereitungszeit 5 Minuten

Kochzeit 15 Minuten bei schwacher Glut

6 Portionen

Große gelbe Zwiebeln
× 6

Leicht gesalzene Butter
120 g

Szechuanpfeffer
1 TL

Schwarzer Pfeffer, grob gestoßen, 1 TL

- Zwiebeln von oben kreuzweise bi zu zwei Drittel der Größe einschn den. 20 g leicht gesalzene Butter die Mitte jeder Zwiebel geben un mit der Pfeffermischung würzen.

- Zwiebeln in Aluminiumfolie wicke mit dem Einschnitt nach oben dir in die schwache Glut legen, mit G bedecken und 15 Minuten braten Die Zwiebeln sollten sich weich a fühlen.

- Durch den säuerlichen Geschma eignen sich die Zwiebeln gut als Beilage zu gegrilltem Fisch oder Innereien.

FRISCHER KNOBLAUCH

 **Vorbereitungszeit 5 Minuten**

 **Kochzeit 15 Minuten bei schwacher Glut**

 **6 Portionen**

Knoblauchknollen
× 3

Leicht gesalzene Butter
60 g

Kräuter der Provence
1 EL

Frischer Thymian
× 1 Zweig

- ○ Obere Spitze von den Knoblauchknollen abschneiden, mit einem großem Klecks Butter belegen, mi Kräutern der Provence und Thymianblättern bestreuen und mit der abgeschnittenen Knollenspitz bedecken.

- ○ Knoblauchknollen in Aluminiumfolie wickeln und für 15 Minuten direkt in die schwache Glut legen. Als Beilage zu gegrilltem Fleisch servieren.

TOMATEN MIT ZITRONENTHYMIAN

Vorbereitungszeit 10 Minuten

Kochzeit 5 Minuten bei heißer Glut

6 Portionen

Schwarze Tomaten
× 12

Schalotten
× 6

Zitronenthymian
× 1 Bund

Olivenöl
100 ml

Fleur de Sel
1 Prise

- Tomaten vom Stielansatz befreien und halbieren. Schalotten schälen und ebenfalls halbieren.
- Tomaten und Schalotten auf einen sehr heißen, vorab eingeölten Grill legen und mit Zitronenthymian bestreuen. Zugedeckt 5 Minuten grillen.
- Mit einem Spritzer Olivenöl beträufeln und mit Fleur de Sel bestreut servieren.

PAPRIKASCHOTEN & CHORIZO

Rote Paprikaschoten
× 2

Grüne Paprikaschoten
× 2

Gelbe Paprikaschoten
× 2

Knoblauch
× 6 Zehen

Pikante Chorizo
150 g

Olivenöl
150 ml

Vorbereitungszeit 20 Minuten
Ruhezeit 20 Minuten

Kochzeit 15 Minuten
bei heißer Glut /in der Pfanne

6 Portionen

- Ganze Paprikaschoten bei heißer Glut grillen, bis die Haut schwarz wird und Blasen wirft. In einen Plastikbeutel geben, verschließen und nach 20 Minuten die Haut abziehen. Schoten in Streifen schneiden.
- Knoblauch schälen und hacken. Chorizo in Juliennestreifen schneiden. Beides in einer Pfanne in Olivenöl anschwitzen und die Paprik damit bedecken, 1 Schuss Olivenö zugeben und würzen. Mit Olivenö bedeckt, kann man das Gericht bi zu einer Woche aufbewahren.
- Die Paprikaschoten eignen sich al Beilage zu gegrilltem Fleisch, etw Lamm, und vom Süden inspirierte Gerichten.

MAIS

Vorbereitungszeit 35 Minuten

Kochzeit 15 Minuten bei schwacher Glut

6 Portionen

Junge frische Maiskolben
× 6

Leicht gesalzene Butter
100 g

Chilipulver
1 EL

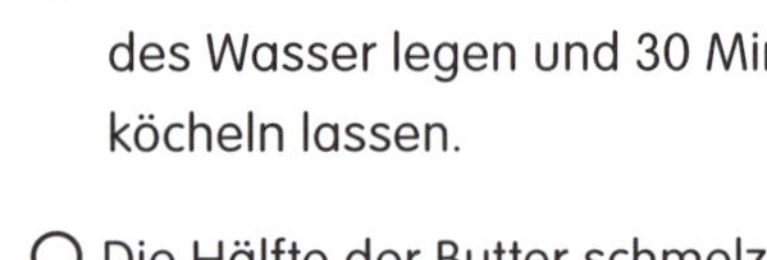

- Maiskolben abschälen, in kochen- des Wasser legen und 30 Minuten köcheln lassen.
- Die Hälfte der Butter schmelzen lassen und mithilfe eines Pinsels Maiskolben damit bestreichen, danach 15 Minuten bei schwache Glut grillen, dabei regelmäßig wenden.
- Auf kleine Maisgabeln stecken, m etwas Chili bestreuen, würzen un mit einem Klecks Butter servieren

GRILLGEMÜSE MIT MINZE

Kirschtomaten
× 12

Grüne Spargel
× 12

Vorbereitungszeit 20 Minuten

Kochzeit 10 Minuten in der Pfanne

6 Portionen

Frische Erbsen, ausgelöst
200 g

Frische dicke Bohnen,
ausgelöst, 100 g

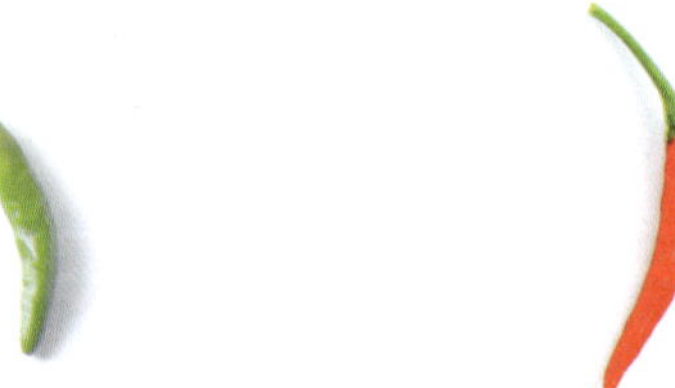
Milde grüne Chilschoten
× 12

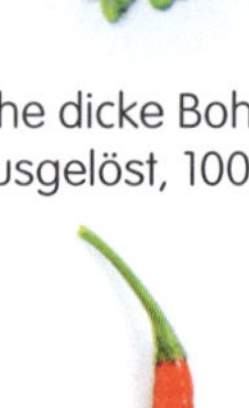
Milde rote Chilschoten
× 12

Minze
× 1 Bund

Olivenöl
2 EL

- Grüne Spargel der Länge nach teilen, dann Stangen halbieren. Minzeblätter abzupfen. Chilischot entkernen.
- In einer sehr heißen Pfanne Gemüse in Olivenöl anbraten (es sol noch bissfest sein). Minze zugebe und würzen.

GEGRILLTE STEINPILZE

Vorbereitungszeit 10 Minuten

Kochzeit 5 Minuten bei heißer Glut

6 Portionen

Steinpilze
× 12 kleine

Olivenöl
150 ml

- Schmutz mit einem Messer von de Steinpilzen abschaben und die Pil abwischen. Pilze der Länge nach halbieren. Olivenöl in ein Schälch gießen, Pilze mit der Schnittfläche kurz eintunken und bei heißer Gl 2 Minuten zuerst mit der Schnittfläche nach unten grillen, danach 2 Minuten auf der Außenseite. Mi Fleur de Sel und Pfeffer würzen.
- Als Beilage zu einem guten Fleisc gericht servieren.

GEGRILLTE AUBERGINEN MIT SALBEI

Auberginen
× 2

Olivenöl
150 ml

Salbei
× 12 Blätter

Fleur de Sel
1 Prise

Vorbereitungszeit 15 Minuten

Kochzeit 10 Minuten
bei schwacher Glut

6 Portionen

- Am Vorabend 8 Salbeiblätter in Olivenöl legen und bei Raumtem ratur beiseitestellen.
- Auberginen quer in 5 mm dicke Scheiben schneiden, diese mit d Salbeiöl bestreichen.
- Auberginen grillen, bis sie weich sind, beim Wenden darauf achten, dass durch den heißen Rost Quadrate entstehen. Mit Fleur de Sel würzen und den Salbeiblätte garnieren.

RATATOUILLE IN DER PAPILLOTE

Auberginen
× 2

Paprikaschoten
× 2 gelbe + 2 rote

Vorbereitungszeit 15 Minuten

Kochzeit 15 Minuten bei schwacher Glut

6 Portionen

Ingwer
50 g

Frühlingszwiebeln
× 4

Bio-Zitrone
× 1

Rosmarin
× 1 Zweig

Lorbeer
× 1 Blatt

Weißer Portwein
100 ml

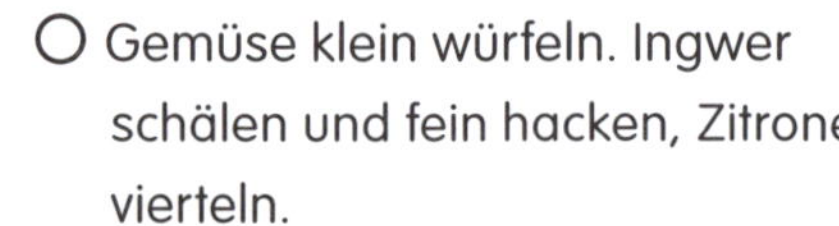

○ Gemüse klein würfeln. Ingwer schälen und fein hacken, Zitrone vierteln.

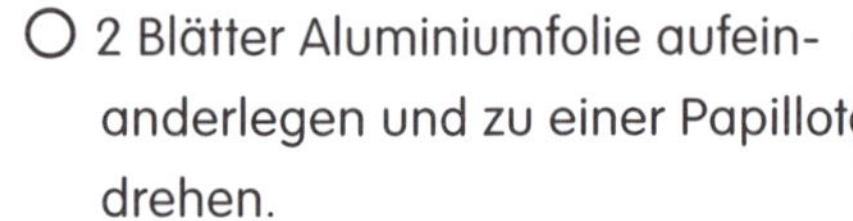

○ 2 Blätter Aluminiumfolie aufeinanderlegen und zu einer Papillot drehen.

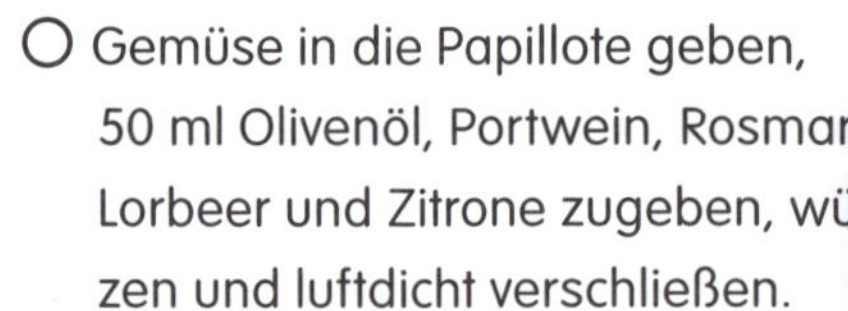

○ Gemüse in die Papillote geben, 50 ml Olivenöl, Portwein, Rosmar Lorbeer und Zitrone zugeben, wü zen und luftdicht verschließen.

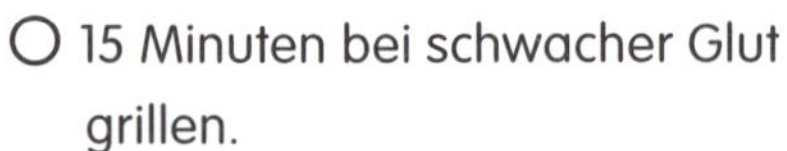

○ 15 Minuten bei schwacher Glut grillen.

GEGRILLTE ZUCCHINI & FENCHEL

Zucchini
× 3 kleine

Fenchelknollen
× 3

Vorbereitungszeit 15 Minuten

Kochzeit 10 Minuten in der Pfanne

6 Portionen

Rote Zwiebeln
× 3

Kleine rote Chilischote
× 1

Rosmarin
× 1 Zweig

Frischer Thymian
× 1 Zweig

Sojasauce
2 EL

Olivenöl
2 EL

- Zucchini in kleine Stifte schneiden dabei die Kerne entfernen. Fench und Zwiebeln schälen und klein schneiden. Chilischote entkernen und fein hacken.
- Alles in einer Pfanne in Olivenöl a schwitzen, Thymian und Rosmari zugeben und weitere 10 Minuten braten. Mit Sojasauce ablöschen und mit Salz und Pfeffer würzen.

PANIERTER ZIEGENKÄSE MIT MANDELN

Vorbereitungszeit 10 Minuten

Kochzeit 5 Minuten in der Pfanne

6 Portionen

Rocamadour-Ziegenkäse
× 6 feste Laibchen

Mandelblättchen
100 g

Flüssiger Honig
2 EL

Kräuter der Provence
1 EL

Pfeffer, grob gestoßen
1 Prise

Olivenöl
1 Schuss

- Ziegenkäse zuerst in flüssigen Honig, danach in Mandelblättchen tauchen, dabei achtgeben, dass diese gut kleben bleiben. Mi Kräutern der Provence und Pfeffer bestreuen.

- Ziegenkäse mit der Mandelseite nach unten in einer Pfanne in Olivenöl 2 Minuten anbraten, mit einem Spatel wenden und auf de anderen Seite ebenfalls 2 Minute braten.

ZIEGENKÄSE MIT ROSMARIN

Vorbereitungszeit 10 Minuten
Gefrierzeit 15 Minuten

Kochzeit 10 Minuten
bei schwacher Glut, zugedeckt

6 Portionen

Picodon-Ziegenkäse
× 6 sehr trocken

Bauchspeck
× 12 sehr dünne Scheiben

Rosmarin
× 6 Zweige

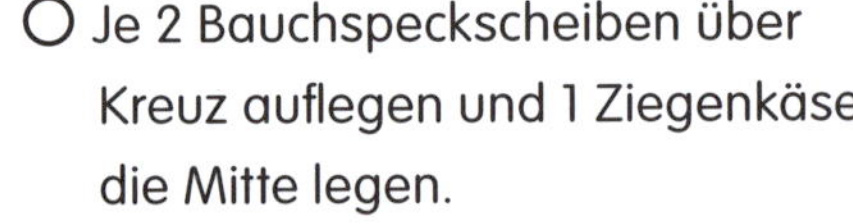

- Je 2 Bauchspeckscheiben über Kreuz auflegen und 1 Ziegenkäse die Mitte legen.

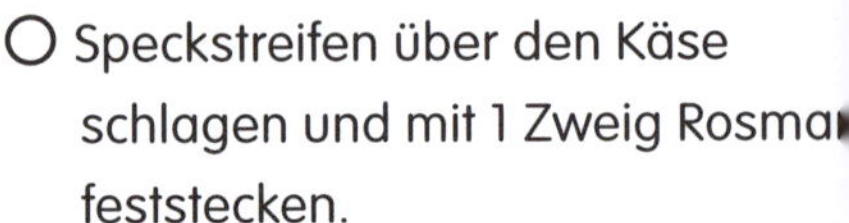

- Speckstreifen über den Käse schlagen und mit 1 Zweig Rosma feststecken.

- Bei schwacher Glut zugedeckt 10 Minuten grillen.

BRICKS MIT APFEL & ROQUEFORT

Roquefort-Käse
300 g

Äpfel Granny Smith
× 2

Brickteigblätter
× 6

Rucola
× 1 Handvoll

Nüsse
50 g

Ei
× 1

Olivenöl
1 Schuss

 **Vorbereitungszeit 15 Minuten**

 **Kochzeit 5 Minuten in der Pfanne**

 **6 Portionen**

- Roquefort-Käse in Scheiben schne den. Äpfel schälen, halbieren, ent kernen und klein schneiden. Nüss hacken. Ei verquirlen.
- Roquefort in die Brickblätter legen mit gehackten Nüssen bestreuen und Apfelstücke und Rucola zuge ben. Teig zu einer Tasche schließe und die Ränder mit verquirltem Ei versiegeln.
- Bricks in Olivenöl in der Pfanne 2–3 Minuten auf jeder Seite frittieren.

Liste der Rezepte

SPIESSE

FILETS & BRATEN

FAST FOOD VOM GRILL

KARREE & KOTELETTS

EBBE & FLUT

FESTLICHE BEILAGEN

Titel der Originalausgabe: *Les petits Marabout – Plancha & barbecue*

Rezepte: Stéphane Reynaud.
Fotos der Rezepte: Marie-Pierre Morel.
Fotos der Zutaten: Richard Boutin, Ilona Chovancova, Audrey Fitzjohn, Rebecca Genet, Valéry Guedes, Akiko Ida, Pierre Javelle, Charlotte Lascève und Elisa Watson.
© Shutterstock: Seiten 4, 6, 68 Schweinefilet; Seiten 4, 10 Ingwerpulver; Seiten 8, 14, 26, 30, 34, 72, 118, 164, 184 Pfeffer, grob gestoßen; Seite 8 Lorbeerpulver; Seite 12 Flanksteak; Seiten 12, 106 Junge Shisoblätter; Seite 18 Nierenzapfen; Seiten 24, 26 Lammkeule; Seite 24 Fleur de Sel, Provence; Seiten 32, 36 Kalbsnieren; Seite 32 Rindfleisch; Seiten 32, 40 Kalbsleber; Seite 34 Hähnchenherzen; Seite 36 Lakritze; Seiten 36, 164 Szechuanpfeffer; Seite 38 Kalbsbries; Seiten 38, 176 Steinpilze; Seite 40 Weißer Balsamico-Essig; Seiten 42, 44, 152 Seeteufel; Seiten 50, 138, 150, 154 Lachsfilet; Seiten 58, 60 Entenbruststücke; Seite 60 junge Maiskolben aus dem Glas; Seite 62 Hähnchenunterschenkel; Seite 64 Kaninchenkeulen; Seite 64 Tomatenraritäten; Seite 66 Rinderschulter; Seiten 70, 92, 98, 102 milde Zwiebel; Seite 72 getrocknete Steinpilze; Seiten 76, 104 Lammschulter; Seite 76 marokkanisches Salz; Seiten 78, 80 Lammkeulenscheibe; Seite 82 Lammrücken; Seiten 88, 90 Hähnchen; Seiten 92, 94, 96, 98 Burger-Brötchen; Seite 96 Mizuna-Salat; Seite 100 Hot-Dog-Brötchen; Seite 100 Würstchen; Seite 104 Kebab-Brötchn; Seite 108 Rindersteak; Seite 110 Schweinekotelett; Seite 112 Schweinenacken; Seite 114 Lammkoteletts; Seite 116 Lammkarree; Seite 116 Ochsenherztomate; Seite 118 Kalbskotelett; Seite 120 Wolfsbarsch; Seite 122 Streifenbrasse; Seite 124 Petersfisch; Seite 126 Makrelen; Seite 128 Sardinen; Seite 130 Rotbarben; Seite 130 Perlzwiebeln; Seite 132 Sardellen; Seite 134 Tintenfische; Seite 136 Kardamompulver; Seite 140 Wilder Fenchel; Seite 142 Calamari; Seite 154 Tannenzweig; Seite 168 Schwarze Tomaten von der Krim; Seite 172 junge Maiskolben; Seite 184 Rocamadour-Ziegenkäse; Seite 186 Picodon-Ziegenkäse.
Coverbilder vorne: © iStockphoto.com

Lektorat: Natacha Kotchetkova
Layout: Frédéric Voisin

Übersetzung aus dem Französischen:
Anita Weinberger-Schwendenwein, Wien
Redaktion und Satz der deutschen Ausgabe:
Print Company Verlagsges.m.b.H., Wien

Printed in China

ISBN: 978-94-6359-753-1